■ 谢维斯　刘　宇 / 著

三级犯罪预防理论视野下的

洗钱犯罪研究

重庆大学出版社

图书在版编目(CIP)数据

三级犯罪预防理论视野下的洗钱犯罪研究 / 谢维斯,
刘宇著 . -- 重庆 : 重庆大学出版社,2024.9
ISBN 978-7-5689-4372-7

Ⅰ.①三… Ⅱ.①谢… ②刘… Ⅲ.①洗钱罪—研究
—中国 Ⅳ.①D924.334

中国国家版本馆 CIP 数据核字(2024)第 056373 号

三级犯罪预防理论视野下的洗钱犯罪研究
SANJI FANZUI YUFANG LILUN SHIYE XIA DE XIQIAN FANZUI YANJIU

谢维斯 刘 宇 著
策划编辑:陈筱萌
责任编辑:夏 宇 版式设计:陈筱萌
责任校对:关德强 责任印制:张 策

*

重庆大学出版社出版发行
出版人:陈晓阳
社址:重庆市沙坪坝区大学城西路 21 号
邮编:401331
电话:(023)88617190 88617185(中小学)
传真:(023)88617186 88617166
网址:http://www.cqup.com.cn
邮箱:fxk@cqup.com.cn(营销中心)
全国新华书店经销
重庆正文印务有限公司印刷

*

开本:720mm×1020mm 1/16 印张:13 字数:213 千
2024 年 9 月第 1 版 2024 年 9 月第 1 次印刷
ISBN 978-7-5689-4372-7 定价:68.00 元

目 录
CONTENTS

下篇　规控论

上篇　基础论

洗钱犯罪的防控不仅是一个十分复杂的社会问题，而且是一个重大的经济和政治问题，涉及的领域非常广泛，任何一方面的努力都不可能奏效。本书摆脱传统的洗钱犯罪防控机制，引入三级犯罪预防理论，强调更为综合性的防控手段，以此来应对日益复杂的洗钱犯罪活动。

本篇为基础论，共五个章节，主要介绍三级犯罪预防理论、洗钱与反洗钱、洗钱犯罪概述、洗钱犯罪的主要方式，以及洗钱行为与上游犯罪的关系问题。只有在充分了解三级犯罪预防理论和洗钱犯罪活动相关知识的基础上，总结我国已有的反洗钱实践和吸取国际经验，才能构筑适合我国国情的反洗钱防范体系。

第一章　三级犯罪预防理论

第一节　犯罪预防

　　对犯罪预防的概念，既可以从犯罪行为本身进行理解，也可以从人类安全方面进行理解。安全是人类的基本需求，而犯罪威胁着人类的安全，因此，犯罪预防是人类安全管理的应有内容。安全是指一个稳定的、相对来讲可以预期的状态，在这一状态下，个人或群体追求他或他们的目标可以不受滋扰和伤害、没有妨害和伤害的恐惧。事实上，威胁人类安全的因素主要分为自然因素和人为因素，如地震、海啸、泥石流等属于自然因素，抢劫、杀人、盗窃等则属于人为因素。人类对这两大类因素的防范构成了人类社会的安全管理活动。对于自然风险，人们可以利用各种风险防控机制和精密仪器等达到预测和防控风险的目的；对于人为风险因素，则主要在于事先对违法犯罪的预防。自现代犯罪学产生以来，对犯罪的解释经历了从个人到宏观社会再到即时犯罪情境的转换，其中，从社会角度对犯罪原因的解释主导着美国社会20世纪上半叶，犯罪预防也主要聚焦比较宏观的社会因素，是一种宏观的预防策略。第二次世界大战后的社会发展变化和高犯罪率迫使犯罪学家重新思考，一部分人开始注意影响犯罪发生的较近的直接因素，促使环境犯罪学兴起，出现了以"注重事前""抑制犯罪近因"为内容的预防策略，这种策略逐渐被学术界和政策制定者接受，被称为狭义的预防。

一、犯罪预防的定义

　　广义的犯罪预防是指与犯罪作斗争的一切方法和手段。"从广义上来说，犯罪预防包括对社会领域与自然领域预先做出的所有的介入措施，这些措施的目的至少是改变行为或事物的发展趋向，以减少犯罪的可能性或它的危害后果。"①我国学者普遍认为犯罪原因是多样性的，所以犯罪预防的措施和手段也是多样性的，那么在对犯罪预防进行定义时会采用广义的角度。例如，"预防犯罪乃是一个综合多种力量，运用多种手段，采取多种措施，以防止和减少犯罪及重新犯罪的举措体系"②。我国犯罪预防中所推行的综合治理策略也证明了这一点。社会治安综合治理就是"在各级党委、政府的统一领导下，各有关部门充分发挥职能作用，协调一致、齐抓共管，依靠广大人民群众，运用政治、经济、行政、法律、文化和教育等多种手段，整治社会治安，打击和预防犯罪，完善社会管理，化解社会矛盾，维护人民权益，保障社会稳定，促进社会和谐，为社会主义现代化建设和改革开放创造良好的社会环境，推进中国特色社会主义事业深入发展"，"建立和保持良好的社会治安秩序、维护社会稳定的基本方针，是解决社会治安问题的根本途径"③。显然，我国犯罪预防实践中使用的犯罪预防概念是广义的，其特点为：一是涉及面广。预防活动贯穿犯罪发生全过程，无论是犯罪发生之前、之中还是之后，既包括事前的预防活动，还包括事中、事后的控制和处理。二是措施综合。既包括通过社会政治、经济、教育、文化等多项建设和宏观社会管理来不断改良社会，培养人格健全的社会成员，减少社会中的犯罪原因，又包括通过中观环境的即时管理来减少犯罪机会，还包括通过刑事司法系统，对犯罪进行惩罚和改造，以减少再犯。三是依靠政府。无论是社会建设和管理，还是刑事司法系统对犯罪人的追诉、矫治，都依靠政府力量进行。

"自20世纪80年代以来，在当地犯罪预防研究及预防实践中，一种更为谨慎的严格限定预防活动范围的预防概念正日益受到重视。"犯罪预防的外延逐渐明晰，一个与广义犯罪预防概念相比较小的概念形成了，被称为狭义的犯罪预防

---

① 麦克·马圭尔，罗德·摩根，罗伯特·赖纳.牛津犯罪学指南：第四版[M].刘仁文，李瑞生，译.北京：中国人民公安大学出版社，2012：671.

② 冯树梁.论预防犯罪[M].北京：法律出版社，2008：22.

③ 中央社会治安综合治理委员会办公室.社会治安综合治理工作读本[M].北京：中国长安出版社，2009：4-5.

（也称狭义性预防），"指一切旨在'防患于未然'的措施，其特点是措施本身立足于防，以防为目的"。例如，美国犯罪预防联合会认为，犯罪预防是指一种目的在于减少犯罪威胁，增强安全感，确实能提高人们的生活质量并且有利于培育一种能够遏制犯罪环境的态度和行为。法国学者西蒙·加桑认为，"预防是指国家、地方组织及社会团体，通过消除或限制犯罪因素及孕育着利于犯罪机会的物质及对社会环境的恰当管理，以达到更好控制犯罪的目的而采用的一种手段"。我国一些犯罪学教科书中有，"犯罪预防是指对犯罪的事先防范活动和措施"。这些定义强调犯罪预防的事前性，把基于刑罚的确定和执行的惩罚性及威慑性预防排除在预防范畴之外，并将犯罪预防只视为实现刑事政策的一种手段，而区别于刑事政策的其他手段。例如，犯罪受害人援助，对犯罪人的重新社会化、非刑罚化及个性化治疗，增加剥夺自由刑的替代措施，等等。可见，狭义的犯罪预防概念可以界定为：着眼于犯罪发生之前，消除或抑制犯罪诱发因素、实施机会的活动。换句话说，犯罪预防就是犯罪风险管理，是消除或抑制犯罪发生各种风险的发现、决策、实施和控制过程。

对狭义的犯罪预防的理解要把握以下几个方面：一是聚焦犯罪发生之前。区别于犯罪发生后的刑事司法应对，尽管犯罪预防也要求提升刑事司法效率，但其目的是增加犯罪被发现的风险，通过理性选择机制影响潜在犯罪人对犯罪机会的认知。二是犯罪风险抑制和民众安全感提升。其目的是消除或抑制犯罪风险的社会诱因或机会因素，减少民众的犯罪恐惧，增强社会公众的安全感。三是措施非强制性。尽管有些措施会对个人的行为进行一定的限制，但这些限制一般不具有直接的威慑性，而且被认为是个人自由为了公共安全而做出的必要让渡。两种定义相比较而言，有学者认为狭义的犯罪预防概念更具可操作性。"事实上，传统的包罗万象的犯罪预防概念，不仅无助于建立可操作性的理论体系，而且实践中必然导致预防活动方向的模糊性和范围的不确定性，从而难以保证预防活动真正发挥出其应有的社会效益，且难以对预防活动的实绩进行科学评估。其结果往往是跳不出表面重预防、实际轻打击的刑事政策运行机制。"广义和狭义的犯罪预防定义，表达了不同的犯罪预防理念，对刑事政策的制定和犯罪防治实践具有重要的意义。在新管理主义影响下的英美社会的犯罪预防政策中，非常注重犯罪预防的效果，使传统犯罪学所提倡的通过宏观社会改革来预防犯罪的策略离刑事政策日渐疏远，而以犯罪机会管理为内容的情境预防日益受到欢迎。改革开放以来，我国在经济上取得了巨大的发展，但与之相配套的社会建设还需要完善，社会因素仍然是犯罪发生的主要原因，同时经济发展也为犯罪，特别是侵财型犯罪提供了更多的犯罪目标和犯罪机会。因此，我国的犯罪预防要同时重视犯罪的宏观原因和情境近因。

二、犯罪预防的类型

现代犯罪学的犯罪预防理论是指第二次世界大战结束至今在犯罪预防的研究和实战中产生较大影响的系列相关理论。19世纪中后期，西方国家犯罪现象不断增加，出现了"打不胜打"的现象，现代犯罪预防学应运而生并得到各国重视，犯罪预防政策经历了从单纯的司法预防到引入社会预防再到预防重心向情景预防倾斜的变化。现阶段，我国城市犯罪问题仍处于高发期，违法犯罪总量不低。目前，国内外学者研究犯罪预防的主流观点包括以下几类。

(一) 新社会防卫论

新社会防卫论是指法国安赛尔所主张的社会防卫论，或是指安赛尔的著作《新社会防卫论》所表明的理论。与其说它是一个理论体系，倒不如说它所提倡的是一种"刑事政策的运动"更为妥当。新社会防卫论作为20世纪现代刑事政策理论，发展革新了社会防卫思想，批判地吸收了传统刑事政策的理论观点，坚持自由意志、道义责任、法制原则，反对报复刑、死刑、监禁刑，主张从犯罪人社会化再适应出发组织刑罚和预防措施，走出了一条与对犯罪的反应、人权保护及社会防卫相协调的人道主义刑事政策之路。新社会防卫论的指导思想是：首先对现有的与犯罪做斗争的制度进行批判性的研究，甚至质疑。将与犯罪做斗争视为社会所面临的关键性任务之一，把同犯罪做斗争的手段看作为了保护社会、社会成员以及反对进行犯罪的冒险，而不是对个人的惩罚。因此，刑法的目的不再是报应和威慑，而是保卫社会。主张保留法制原则，维护"法治国家"传统和正常诉讼制度，保留法官以"保护人权、保卫人类、提高人类价值。这也就是人们所说的社会防卫运动的人道主义"。日本学者认为，只有在法治国家才能理解新社会防卫论。因为在法治国家"如果没有法律则无犯罪"。所以，新社会防卫论延续了近代罪刑法定主义原则，并不是"使刑法非法律化"。因此，新社会防卫论的目的是研究犯罪问题，并将犯罪问题与预防犯罪体制相联系，包括改造罪犯，改革现有刑罚制度和防止重新犯罪。新社会防卫论在倡导一体化刑事政策、犯罪应对的多学科联合、谦抑的犯罪化、刑事处罚的人道化等方面，对我国刑事政策和犯罪预防都具有重要启示。

（二）当代古典犯罪学派的预防理论

古典犯罪学派关于犯罪原因的基本观点是，每个人都具有绝对的意志自由，均能够不受任何干扰和限制地在犯罪行为与合法行为之间自由地选择。因此，犯罪行为是行为人主动选择的结果。于是，为了干扰行为人的选择，迫使其在犯罪行为与合法行为之间，选择合法行为而不是犯罪行为，就必须对选择了犯罪行为的行为人处以刑罚，以迫使其选择合法行为。古典犯罪学派的一个中心论点，就是刑罚可以预防犯罪。不过，古典犯罪学派同时也认为，为了使刑罚起到迫使行为人选择合法行为而不是犯罪行为的作用，必须对刑罚提出两点要求，即必须保证刑罚的及时性，以及必须保证刑罚施加的痛苦大于因犯罪获得的快乐。

（三）情境预防理论

犯罪的情境预防是指对某些高发生率的犯罪，直接通过管理、设计、调整的方式持久有机地改变环境，从而尽可能地使行为人认识到犯罪行为难度增加，被捕可能性增大，犯罪收益减少，以此来减少犯罪。犯罪的情境因素，包括犯罪的时空、机会和条件等要素，对犯罪人的理性抉择和犯罪决策有着重要影响。当犯罪的利益条件超过其成本时，犯罪即可能发生。所以，针对某些特定的犯罪，以一种较为系统和常设的方法对犯罪可能利用的环境加以规划和管理，以增加犯罪的难度，减少可能的犯罪回报，能够达到预防犯罪的效果。因此，情境型犯罪预防措施意指基于理性犯罪人对犯罪成本与犯罪风险的功利性考虑，通过减少行为主体直面犯罪环境的机会、增加犯罪风险的方式，强制性防止犯罪行为的发生。

不管是抢劫、抢夺、强奸等暴力犯罪，还是以经济利益为导向的财产犯罪、职务犯罪，有相当数量犯罪行为的发生具有事发环境依赖性的特征，犯罪人的机会主义表征极度明显。正是某些有利于实施犯罪、逃避追查的情景促成或者加强了行为主体执行犯罪意志的信念。情境型犯罪预防属于相关控制方案中最为直接主动的措施，它并不是一个全新的实践性理念，个人及单位在日常生活与经营中一直都在实施非系统性的情境型犯罪预防，例如房门上锁，窗户安装栅栏，设置看家犬、汽车警报器，安排公司保安，定期的外部财务审计，职能分工、互相监督，等等。情境型犯罪预防可能仅仅是将潜在的犯罪人转移至其他被害人的现实担忧，犯罪预防理论与实践需要考虑的是如何在社会整体层面建构系统化的、非犯罪总量守恒的情境型犯罪预防措施。犯罪路径控制程序也是一种有效的预防财产犯罪的情境化手段，通过切断潜在犯罪人与居民区、办公场所、工厂、金融机构、重要计算机系统的近距离联系，排除犯罪行为发生的可能性。犯罪路程控制程序打造了一个防御性的独立空间，模糊了潜在犯罪人意图观测的犯罪目标的实际情况，增加了犯罪行为成功实施的相对不确定性。金融机构、计算机信息系统的安全保障实践经常使用PIN（身份认证码）、随机性登录密码等措施作为犯罪路径的控制手段，能够积极防止犯罪人非法侵入电脑网络或银行账户。总的来说，该理论更多的是将犯罪扼杀在摇篮中，增加犯罪成本，减少犯罪机会和收益，但对正在发生的犯罪起到的作用有限。

（四）综合防控犯罪的理论

现代犯罪学理论认为，犯罪原因是一个复杂的系统，不是由某一种因素所决定的，而是在多种因素影响、作用之下产生的。例如，相比普通刑事犯罪，一些恐怖主义犯罪的成因更为复杂，不仅涉及政治、经济、民族、文化、宗教等国内因素，而且某些恐怖组织有复杂的国际背景，与国际恐怖势力和境外势力等有千丝万缕的联系。所以在预防这类犯罪时，就更强调从经济、文化、民生等方面综合采取措施，致力于铲除犯罪极端化的土壤，防范犯罪的生成。

（五）三级犯罪预防理论

三级犯罪预防理论是当今具有一定影响的犯罪预防理论，属于广义的犯罪预防概念。20世纪70年代，加拿大西蒙弗雷泽大学犯罪学院布兰汀和福特斯在《预防犯罪理论模式》一书中，通过借鉴模仿公共卫生领域传染病的三级预防理论，首先提出了三级犯罪预防理论。后来，该理论由美国鲍林格林州立大学史蒂文·拉布博士在《犯罪预防：方法、实践与评价》一书中进一步系统化，成为一种成熟的犯罪预防理论。目前，该理论是美国犯罪预防的主导体系之一。

第二节　三级犯罪预防理论

犯罪预防不仅是控制坏的事情，还包括激发好的事情，这是新的警察哲学推动下的犯罪预防理论。三级犯罪预防理论是美国犯罪学学者史蒂夫·拉布总结美国预防理论和实践的结果，其核心是将洗钱犯罪的预防划分为三个阶段：事前阶段、事中阶段和事后阶段。

一、三级犯罪预防理论与洗钱犯罪防控结合的意义

传统的洗钱犯罪防控手段单纯是以刑事法律打击犯罪为指导思想的，这种指导思想早已不能与洗钱犯罪日新月异的变化相适应，三级犯罪预防理论则是用系统论的思想来控制犯罪。尽管三级犯罪预防理论将洗钱犯罪预防大致分为三个阶段，但这并不是三个孤立的阶段。相反，我们要树立洗钱犯罪的防控是一个整体的思想，该整体是由若干部分组成，在若干部分分别具备不同规控职能的基础上，发挥其共同的规控作用[1]。例如，一个制度可以包括这三个阶段，几个制度也可以相互合作构成这三个阶段。每个阶段的相互配合不仅可以有效地打

---

[1]赵金成.洗钱犯罪研究[M].北京：中国人民公安大学出版社，2006：258.

击洗钱犯罪，还可以在犯罪形成的初始就将其扼杀在摇篮里，以免造成更严重的后果。

二、三级犯罪预防理论主要内容

（一）犯罪初级预防体系

初级预防指向不特定的对象，抑制所有的潜在犯罪人，同时影响所有的民众。初级预防的措施有很多，犯罪预防原理应该包括哪些？是否与犯罪有关系的都罗列进来？例如，古今中外都很重视的教育，对一个社会成员的人格养成非常重要，但是在犯罪预防原理中就很难详述教育预防，因为关于教育的知识体系非常庞大，教育已经形成一个独立的学科。当然，我们可以结合具体的问题讨论特定的教育问题，如儿童早期的教养方式、学校教育的完善等。还有工商、税务、海关等行政管理知识，直接关系犯罪预防，它们也各自形成专门的研究领域，在犯罪预防原理中也不会专门加以介绍，只是结合具体问题论及。这里的初级预防措施的选择标准，主要看它是否以犯罪预防为直接目的。即远期发案控制与预防，包括以控制犯罪为目的的一切社会活动、一切人类行为和警务工作。用警察科学的概念，初级预防体系就是主动提前警务理论。它是一种先发制人的防患于未然的警务措施，其核心是合作、协调、平衡并积极预防洗钱行为的发生。从主观来看，犯罪初级预防体系就是要从主观上消除犯罪分子的洗钱犯罪意图，这需要建立与完善相关制度、弥补各种法律和制度上的漏洞才能达到；从客观来看，也需要对上述制度加以完善才能使犯罪分子无从下手。

需要强调的是，有学者认为应将上游犯罪的防控纳入洗钱犯罪初级预防体系中。笔者认为，尽管上游犯罪是洗钱犯罪成立的前提，但从具体的犯罪预防控制来看，其各自又有独自的规控体系，在这里我们只需要处理好两者之间的衔接关系就能为打击犯罪起到作用。因此，笔者认为不宜将上游犯罪的规控放到洗钱犯罪初级预防体系中。具体工作如下：

1.通过环境设计预防洗钱犯罪

根据国际环境设计预防犯罪协会的规定，"环境设计预防犯罪有一个基本的前提，即正确的设计和物理环境的有效利用可以减少犯罪的影响范围对犯罪的恐惧，从而提高生活的质量"。环境设计预防犯罪理论的基本理念来自纽曼的访问空间理论。纽曼主张，通过创造一个防卫自己的社会结构的物理表达来抑制犯罪的模式，其理念是一个地区的物理特征能影响居民和潜在犯罪人的行为。他研究了空间行为规律尤其是领域性的原理，以及与建筑环境相互关系的理论，提出了防卫空间符合行为规律的建筑设计方法。他指出，防卫空间作为居住环境的一种模式，是能够对罪犯加以防卫的社会组织在物质上的表现形式。环境设计预防犯罪理论是一个事前采取的、积极的犯罪预防战略，即利用环境设计改变物理环境的空间样式和功能，以此改变居民的行动方式和增进相互间的社会联系，达到预防犯罪的目的。笔者认为，这里的环境建造并不只是一种物理的空间建造，即应用工程学方法，建造防范性高的建筑设施、街区和城市，加强城市、街区和建筑设施的区域性监视作用。当该理论与洗钱犯罪相结合时，这里的环境更多是指一种金融环境。

因此，该原则与洗钱犯罪防控相结合，主要是通过建立和完善金融运行中的反洗钱监管体制，以及各项金融制度来达到预防洗钱犯罪。

2.在社会各机关部门中改善关系，创造新的合作与伙伴式关系

"伙伴"一词源于中国古代的军制。那个时候，十名军人共用一个灶吃饭，一道取暖和做饭的人称为"火伴"，是一个战斗集体，也是一个生活集体。在"火"旁边加一个"人"字边，构成一个伙伴的"伙"，增添了人性化的色彩。由此可以看出，伙伴需要有共同的目标，需要平等相待、分工协作和必要的纪律约束，需要有福同享、有难同当。中国一直是伙伴关系的积极倡导者和实践者，目前已经同50多个国家建立了各种形式的伙伴关系。实践证明，这些伙伴关系增进了中国与有关国家的共同利益，也为世界和平发展事业提供了一种全新的思考。

由于洗钱犯罪具有跨部门、跨地区、复杂性等特点，这就需要反洗钱工作讲究部门合作，并创造出新的合作与伙伴式关系。该原则在洗钱犯罪防控中的应用是通过各部门在犯罪防控中的相互配合与协调来实现的。

3.加强国际合作与信息共享

在经济全球化的现实下，要使反洗钱行动达到预期效果，尤其是对于反洗钱的下游进行有效控制，进行反洗钱的国际合作是必然的举措。对跨国洗钱进行法律控制则是国际社会发展的客观要求，是反洗钱国际合作的核心举措，也是国际法和国内法的一个新领域。有关控制跨国洗钱的国际法和国内法原则、规则和制度在近年来得到迅速发展，对跨国洗钱进行法律控制也推进了国际和国内有关法律制度的改革和发展。国际社会对跨国洗钱进行法律控制的实践证明，要对跨国洗钱进行有效的法律控制，必须坚持国际合作的原则，充分发挥国际组织的作用，建立国际法和国内法相互作用的法律机制。

第二个原则在国内各部门之间的合作中已经包含了国内各部门间的信息共享，所以这里的信息共享主要是指国际的信息共享。

4.完善相关法律法规

我国反洗钱刑事立法起步于20世纪90年代初，从以打击毒品犯罪为核心的刑事立法阶段，到在刑法典中明确规定洗钱罪，并将洗钱罪的上游犯罪从毒品犯罪扩大到黑社会性质的组织犯罪、走私罪；美国"9·11"事件后，将恐怖主义犯罪列为洗钱犯罪的上游犯罪，目前《中华人民共和国刑法》（以下简称《刑法》）中明确规定，洗钱罪的上游犯罪包括毒品犯罪、黑社会性质的组织犯罪、恐怖活动犯罪、走私犯罪、贪污贿赂犯罪、破坏金融管理秩序犯罪和金融诈骗犯罪。2003年，国务院决定由中国人民银行承担组织协调国家反洗钱工作职责。2003年9月，中国人民银行成立反洗钱局。2003年12月修改的《中华人民共和国中国人民银行法》（以下简称《中国人民银行法》）规定，"指导、部署金融业反洗钱工作，负责反洗钱的资金监测"是中国人民银行的一项法定职责。2004年4月，中国人民银行成立中国反洗钱监测分析中心，负责收集分析大额和可疑资金交易报告。同时，中国人民银行加强了反洗钱机构设置和人员配备，所有36个副省级以上分支机构都获批设立反洗钱处。2007年《中华人民共和国反洗钱法》（以下简称《反洗钱法》）实施后，秉持打击和预防并重的反洗钱监管理念，《反洗钱法》和《刑法》中关于洗钱犯罪及洗钱上游犯罪的法律规定共同构成反洗钱的基础法律框架，形成监测、识别、追踪、调查、惩处洗钱犯罪及其上游犯罪的完整体系。

同时，《中国人民银行法》、《中华人民共和国反恐怖主义法》、《中华人民共和国境外非政府组织境内活动管理法》、《中华人民共和国海关法》、《最高人民法院关于审理洗钱等刑事案件具体应用法律若干问题的解释》（法释〔2009〕15号）、《最高人民法院关于审理掩饰、隐瞒犯罪所得、犯罪所得收益刑事案件适用法律若干问题的解释》（法释〔2015〕11号）都在法律层面为反洗钱法律框架提供了完善补充，使之成为一个完整的法律框架。

在现有的法律框架基础上，笔者将该原则与洗钱犯罪防控相结合，主要是希望通过完善相关洗钱犯罪的法律法规，建立统一的法律体系来达到防控犯罪。

5.创造性开展广泛的预防犯罪的宣传工作

为了在一定程度上加深全国人民对反洗钱的认知，加强公众对银行类型反洗钱义务必要性的理解，提高社会公众的反洗钱意识，营造全民参与、合力预防、协同打击洗钱的良好社会氛围。笔者认为应将该原则与洗钱犯罪防控相结合，通过反洗钱的法治宣传教育来树立全民反洗钱的法律意识，从而达到预防犯罪的目的。

（二）犯罪二级预防体系

犯罪二级预防体系即近期发案控制预防。该阶段是洗钱犯罪正在进行的阶段，即事中阶段。洗钱行为可分为放置、培植、归并三个阶段。事中阶段的重点在于各种规控手段的实施，根据洗钱行为不同的阶段可以采取不同的措施。该阶段防控的核心就在于及早发现洗钱行为并终止洗钱犯罪的进行。

需要强调的是，该阶段着重于洗钱行为动态的运行控制以及发现洗钱行为后所采取的各项措施，因此，发案后的刑事侦查工作及责任追究都不包括在洗钱犯罪二级预防体系中。在该阶段我们需要加强警察日常工作，完成警察的各种职能。强调警察在加强自身工作的同时，要注意与金融机构、公司等合作，避免唯装备论、唯反应论。

（三）犯罪三级预防体系

自现代犯罪学产生以来，没有哪个犯罪学派像古典犯罪学派那样在犯罪预防方面对刑罚寄予厚望，并因此围绕刑法的制定提出了许多大胆、精彩、影响深远的论断，为欧洲许多国家刑法典的制定提供了直接参考。古典犯罪学派的理论并未随着实证学派的兴起而消亡，直至当代，许多犯罪学理论仍坚持理性选择假设，只不过是客观地认为相对的理性选择。直至今日，监禁仍是各国应对犯罪的主要方式，惩罚仍是刑事司法的目的之一，通过这种方式使犯罪人有所畏惧，进而不再犯罪。当然，除了惩罚，监禁或其他管制措施客观上在一定时期内剥夺了犯罪人重新犯罪的能力，达到了犯罪预防的目的。如果想一劳永逸地避免犯罪人再犯，最理想的途径可能就是矫治罪犯使其放弃犯罪的念头，再也不去犯罪。这些针对罪犯所采取的、旨在预防他们再次犯罪的措施就是三级预防，即案发后的控制与预防，也就是犯罪预防的事后阶段。在传统的洗钱犯罪打击中，该阶段是最引人关注的，既包括警察部门的刑事侦查、破案以及狱政管理，也包括金融机构的反洗钱调查制度。笔者将在下篇对反洗钱调查制度、完善洗钱犯罪的刑事侦查、罪犯矫正等内容进行探讨。

总之，三级犯罪预防理论层次分明，层次之间存在内在的逻辑性，能够区分各种预防犯罪方法之间的轻重缓急，有其自身的特点和优势。在三级预防中，第一级预防工作是最重要的，是预防犯罪的奋斗目标。要强调初级预防的重要性，初级预防中有些工作短时间之内确实难以做到，那么二级预防就必须尽量做到，三级预防则是补救手段①。

---

① 周亮.从公共卫生三级预防看犯罪预防的理论体系[J].福建公安高等专科学校学报（社会公共安全研究），2004（2）：14-17.

第二章 洗钱与反洗钱

第一节 洗钱的定义

一、洗钱的词源

在人类发展进程中，随着货币的出现，尤其是商品社会的发展，衍生出了各种犯罪活动，洗钱犯罪就是其中一种。"洗钱"一词在西班牙语中称"Blangueo"，意为漂白，而在意大利语中称"Riciclaggio"，意为再循环。直到20世纪70年代，美国司法官员在查处"水门事件"时才第一次将"Money Laundering"作为法律术语正式使用。20世纪80年代初，随着毒品交易的蔓延，该法律术语在全世界范围内被广泛接受[①]。

最初"洗钱"与犯罪活动并没有任何关联，而如今洗钱的概念已被诠释为对"来源不干净"的货币资金或财产进行清洗，从而使黑钱、赃钱合法化。这只是洗钱最为明显易懂的一个含义。谈到"洗钱"一词的来源，有这样一个故事：20世纪20年代，美国芝加哥某犯罪集团的一个财务总管为大力发展自己的犯罪企业，谋求巨额经济利益，购置了一台自动洗衣机为顾客清洗衣服并收取现金，然后将犯罪企业的收入混入这部分现金中一起向税务机关申报，将犯罪收入变为合法收入，这就是现代意义上的"洗钱"[②]。

[①]GILMORE W C.Dirty money：the evolution of money laundering counter-measures[M].Strasbourg：Council of Europe Press，1995：23.

[②]康均心，林亚刚.国际反洗钱犯罪与我国的刑事立法[J].中国法学，1997（5）：90-96.

二、洗钱的定义

虽然有些国家或学者对洗钱的定义在表述上稍有差别，但笔者认为在能达成共识的前提下可作出如下定义。洗钱是指将特定的犯罪行为的财产所得和财产用途进行掩盖，意图使特定犯罪行为在表面上具有无处罚性或具有轻微处罚性或者意图使犯罪的财产所得和财产用途及其来源难以追查的行为。概括而言，洗钱就是通过掩盖与犯罪活动相关的财产来逃避处罚的行为。洗钱是一种行为，洗钱、洗钱行为、洗钱活动都是同义语①。

最早受到关注的洗钱活动是在毒品犯罪所得方面，后来人们发现除贩毒之外，走私、贪污、受贿、诈骗和黑社会犯罪中普遍存在洗钱行为。这些犯罪的一个共同特点就是掩饰、隐瞒违法收入，使违法收入看起来有合法的性质和来源，从而达到占有违法收入、逃避法律制裁的目的。从世界各国洗钱的发展变化来看，与财产有关的刑事犯罪和洗钱有着千丝万缕的联系。洗钱的交易媒介包括现金、有价证券、不动产、黄金、宝石及艺术品等贵重资产。很多文章论述洗钱和反洗钱时，常涉及上位犯罪、下位或下游犯罪概念。洗钱是将通过非法途径（如贩毒、走私、抢劫、贪污、受贿、诈骗等）得来的钱，通过复杂的交易手法变为表面合法的财产，因此，有的学者形象地把洗钱称为依附于贩毒、走私等犯罪的下游犯罪，把诸如贩毒、走私、抢劫、贪污、受贿、诈骗等称为上位犯罪。在上述上位犯罪中，犯罪收益往往巨大，犯罪分子通过简单窝藏或销赃等活动将犯罪收益消化掉是非常困难的。因此，犯罪分子往往通过银行或其他金融机构的金融交易以及其他媒介来隐匿犯罪收益。

尽管如前所述，各个国家和学者对洗钱的定义有所差别，但在以下内容上几乎都能达成共识。首先，根据美国法律观点，肮脏的钱永远不会干净，无论经过多少次清洗和旋转循环。多年前一位著名的舞台魔术师表演了一项壮举，让自由女神像在纽约数千人和数百万电视观众面前消失，类似的特技还包括将一个美丽的魔术师助手变为老虎或其他类似的动物。我们都知道自由女神像并没有真正消

---

① 刘乃晗，谢利锦.反洗钱合规实务指南[M].北京：法律出版社，2020：2.

失，但我们也不知道魔术师是如何让它看起来消失的。回过头来看，洗钱就像是舞台魔术，钱并不是真的消失了，只是改变了形式，越来越难被找到而已。而且它从来没有真正变得干净过——只是看起来像被洗干净那样。洗钱者的工作就像魔术师一样，使用行之有效的秘密技术以一种肮脏的方式让钱变得干净。一些洗钱者非常擅长从事该工作，但正如舞台魔术师受到自然法则的限制一样，洗钱者也受到人为法则的限制，尤其是那些管理世界金融体系的规则。一些法规就是专门为更容易发现洗钱而制定的，其中包括与货币交易报告相关的法律，有的法律还对洗钱行为实施刑事制裁，增加了非法交易的风险因素。

其次，洗钱行为的掩盖（或称掩饰）是单独行为或一系列行为的组合，包括隐瞒提供账户、提供隐藏处所、帮助转移、帮助转换、构造虚假交易。由于洗钱行为在不断地进化，故对洗钱之"洗"应做广义的理解。

最后，洗钱行为所指向的财产，我们可以称为洗钱行为的对象。在特定犯罪行为中，作为洗钱行为对象的财产呈现以下几种属性：其一，属于特定犯罪目的，即特定犯罪行为所追求的结果就是获取这些财产；其二，是犯罪行为的工具或手段，也就是犯罪行为人自己不追求这些财产，财产只是犯罪行为人追求犯罪目的的工具，如用于行贿的财产、用于资助恐怖活动的财产；其三，属于特定犯罪行为的前期投入，此类犯罪行为的目的也是获取财产，但实施犯罪行为前需要成本和投入，如走私行为人为购买走私物品而筹措资金，贩卖毒品行为一般也需要前期使用资金来购买毒品。在对行性犯罪中，某个犯罪行为的目的恰好是对行的另一犯罪的手段，如行贿罪和受贿罪，前者的犯罪目的是后者的犯罪工具。当对行性犯罪作为一个链条出现时，后一个犯罪行为的投入是前一个犯罪行为的目的，如贩卖毒品类犯罪。犯罪行为前期投入的财产是犯罪手段的另一种形式。

第二节　反洗钱

反洗钱的提出是刑事政策的理念创新，是在过往单纯强调打击一切犯罪必须从源头抓起的基础上，发展到"首尾统抓，互为补充，相互强化"的思路创新层级，即通过遏制洗钱这样的下位犯罪，达到预防和遏制上位犯罪的目的。

一、反洗钱的社会意义

（一）做好反洗钱工作是维护我国国家利益和人民群众根本利益的客观需要

反洗钱工作涉及外交、经济、司法及安全等多个领域。首先，反洗钱工作水平关系到我国政府的对外形象，促进国际交往，大力加强反洗钱工作，积极开展反洗钱国际合作，以实际行动向国际社会展示一个讲道义、负责任的政府，有利于树立我国政府良好的对外形象，促进正常的国际政治经济文化交往。同时，这也给企图向我国渗透的跨国洗钱犯罪敲响了警钟。其次，反洗钱工作也关系到政府在人民群众中的威信，关系到整个国家社会公正和经济秩序的稳定。做好反洗钱工作是维护我国社会主义市场经济秩序和广大人民群众根本利益，践行"三个代表"重要思想的具体措施；是履行我国政府对外承诺，树立我国在反洗钱方面负责任大国形象的重要举措；同时也是金融业实现"引进来"和"走出去"战略，加快我国金融业对外开放，推进我国银行国际化的必要步骤。

（二）做好反洗钱工作是严厉打击经济犯罪的需要

随着我国经济市场化程度的加深，走私、偷骗税、金融诈骗、市场操纵及内幕交易等犯罪呈上升趋势，上述经济犯罪与行贿受贿等腐败犯罪相互助长、滋生，严重损害国家经济肌体健康、腐蚀社会公众道德。做好反洗钱工作可以从资金流动上检测异常和可疑资金流动，为控制非法所得的转移和藏匿赢得时机，为跨境追缴违法资金提供有力手段，从而有效地打击经济犯罪活动。与此同时，做好反洗钱工作也有利于我国市场经济的健康运行。洗钱方式之一是利用不同国家法律制度和监管体制的差异，以及司法管辖权的分割，达到掩饰、隐瞒其违法所得及其收益的性质和来源的目的。洗钱者并不追求投资或商业行为的合理收益。因此，以洗钱为目的的经济活动，是不会优先考虑成本、效益的，是一种非理性的经济活动，将加剧金融市场的非正常波动，对利率和汇率造成扭曲。对于一个国家来说，如果外国投资者认为该国的商业和金融机构受到有组织犯罪的控制和影响，那么对该国的直接投资将会减少，从而影响其国际收支和经济发展。从微观角度来看，金融机构如与洗钱活动相牵连，将对其信誉和前途造成灾难性的后果。现阶段我国经济领域的许多违法犯罪活动，往往与洗钱有直接的关联。例如，私分国有资产、侵吞股东权益、非法吸收公众存款、搞实为商业贿赂的所谓奖励、按虚假利润指标分红以及损公肥私的投资行为等，这些违法犯罪活动不仅会造成公司管理混乱、账目亏空、引发经营风险，还会严重扰乱经济秩序。这些活动所产生的违法犯罪收益又通过洗钱，以各种表面合法的形式藏匿于国内或转移至境外。打击洗钱能够有效遏制其他经济金融犯罪，降低经济运行成本，提高宏观调控效率，更好地实现宏观调控目标。因此，反洗钱是整顿和规范经济秩序，完善社会主义市场经济体制的有力保证，关系到国民经济的可持续发展。

（三）做好反洗钱工作是遏制其他严重刑事犯罪的需要

随着对外开放的扩大，国际社会毒品犯罪、黑社会性质的有组织犯罪有所抬头，在局部地区出现极少数极端主义和分裂主义势力制造恐怖犯罪的苗头，成为比较严重的社会问题。首先，加强反洗钱工作，有利于遏制和打击洗钱活动的上游违法犯罪活动，维护正常的社会政治经济秩序。对于一些严重的经济犯罪活动，尽管国家立法予以直接禁止，司法上予以坚决打击，但是仍然有人铤而走险，一个重要的原因就是犯罪的高收益以及对犯罪收益的查处不力。因此，将洗钱行为规定为犯罪并予以坚决有效的查处，将在很大程度上遏制不法分子实施经济犯罪的欲望，提高打击犯罪的效率和效力。其次，加强反洗钱工作，减少黑钱对正常经济生活中资源配置的扭曲，防止这些黑钱不按经济逻辑流动而对经济金融体系造成冲击。有利于改善资源配置，提高社会生产率，保护经济金融秩序的健康运行。最后，加强反洗钱工作，遏制经济犯罪和贪污贿赂蔓延，减少因经济犯罪和腐败造成的贫富分化现象，消除这种现象对社会文化观念的消极影响，促进"依靠合法劳动勤劳致富"观念的形成，有利于维护社会秩序的稳定。

（四）做好反洗钱工作是维护金融机构诚信及金融稳定的需要

洗钱行为一般分为三个阶段：一是放置阶段，即把非法资金投入经济体系，主要是金融机构；二是离析阶段，即通过复杂的交易，使资金的来源和性质变得模糊，非法资金的性质得以掩饰；三是归并阶段，即对被清洗的资金以所谓合法的形式加以使用。这些阶段表明，金融机构作为资金活动的载体客观上容易成为洗钱活动的渠道。金融机构卷入洗钱活动，不仅严重损害金融机构的声誉，而且会带来巨大的法律和运营风险。同时，大量黑钱在世界各国的频繁转移容易对各国的经济金融安全产生威胁。反洗钱的开展遏制了犯罪分子转移非法所得的嚣张气焰，减少了非法资金跨境流出流入对一国经济金融运行的冲击，有利于保证一国经济金融的健康运行。因此，做好反洗钱工作对维护金融机构声誉、防范金融风险、维护金融体系的稳定具有重要的现实意义。

二、我国反洗钱法律的历史发展

1997年《刑法》确立了洗钱罪，"洗钱"一词首次在我国法律中出现。2021年3月1日颁布的《中华人民共和国刑法修正案（十一）》（以下简称《刑法修正案（十一）》），将洗钱罪的上游犯罪范围定为毒品犯罪、黑社会性质的组织犯罪、恐怖活动犯罪、走私犯罪、贪污贿赂犯罪、破坏金融管理秩序犯罪、金融诈骗犯罪七大类。虽然《刑法》对打击洗钱行为而言十分重要，但依靠《刑法》来遏制洗钱活动远远不够，况且《刑法》规定的洗钱罪的主体是上游犯罪行为人之外的人，而对上游犯罪行为人自己实施的洗钱活动仍然缺少有效的监测手段。因此，从预防的角度出发，迫切需要完善反洗钱方面的立法工作。

2000年3月20日，国务院令第285号发布《个人存款账户实名制规定》，要求个人在金融机构开立个人存款账户时，应当出示本人身份证件，使用实名。同时规定金融机构在开立个人存款账户时，应当要求客户出示本人身份证件进行核对，并登记其身份证件上的姓名和号码。

2002年5月，国务院批准成立了由公安部部长为召集人，最高人民法院、最高人民检察院等16个有关部委单位参加的反洗钱工作部际联席会议。2003年5月，国务院批准改由中国人民银行行长为反洗钱部际联席会议的召集人。同年，中国人民银行成立反洗钱局，开始承担原由公安部负责的组织协调国家反洗钱工作的工作职责。2003年末，新修改并发布的《中国人民银行法》明确规定，人民银行"负责指导部署金融业反洗钱工作，负责反洗钱的资金监测"。2004年6月，中国人民银行根据反洗钱工作发展的需要，以及国务院有关部门工作职能的变化情况，提出将反洗钱工作部际联席会议成员单位扩大到23个部门的建议，该建议得到了国务院的批准。23家成员单位包括最高人民法院、最高人民检察院、国务院办公厅、外交部、公安部、国家安全部、监察部、民政部、司法部、财政部、住房城乡建设部、商务部、海关总署、税务总局、工商总局、新闻出版广电总局、中国人民银行、国务院法制办、银监会、证监会、保监会、外汇管理局和军委联合参谋部。反洗钱义务机构已覆盖银行业、证券业、保险业和非银行支付等行业。同年，中国人民银行专门成立了接收、分析大额和可疑资金交易的中国反洗钱监测分析中心，与大多数金融机构实现了数据的联网报送，形成了覆盖全国金融业的监测网络。至此，中国形成了较完整的反洗钱监管工作体系。

2004年8月，在反洗钱工作部际联席会议第一次工作会议上，中国人民银行行长周小川作了题为《中国反洗钱现状与未来》的主题发言，公安部副部长赵永吉做了《关于国内洗钱犯罪形势的报告》，中国人民银行副行长李若谷代表中国人民银行向会议报告了《反洗钱工作部际联席会议工作方案》起草情况。2004年12月31日，国务院批准了《反洗钱工作部际联席会议制度》。其中规定中国人民银行的反洗钱职责是，"承办组织协调国家反洗钱的具体工作；承办反洗钱的国际合作与交流工作；指导、部署金融业反洗钱工作，会同有关部门研究制定金融业反洗钱政策措施和可疑资金交易监测报告制度，负责反洗钱的资金监测；汇总和跟踪分析各部门提供的人民币、外币等可疑资金交易信息，涉嫌犯罪的，移交司法部门处理；协助司法部门调查处理有关涉嫌洗钱犯罪案件；研究金融业反洗钱工作的重大和疑难问题，提出解决方案；协调和管理金融业反洗钱工作的对外合作与交流项目。会同有关部门指导、部署非金融高风险行业的反洗钱工作"。目前，反洗钱工作部际联席会议作为我国政府部门间的反洗钱协调工作机制，已建立起一套工作制度，本着统一部署、协调配合的原则开展工作，为我国跨部门的反洗钱协作提供了组织和制度保障。

2007年1月1日《反洗钱法》生效实施，该法规定了反洗钱和反洗钱所监控的洗钱上游犯罪的范围，首次以立法的形式明确规定，金融机构和特定非金融机构必须履行反洗钱义务，采取预防、监控措施，建立健全客户身份识别制度、客户身份资料及交易记录保存制度、大额交易和可疑交易报告制度。《反洗钱法》第四条还明确规定："国务院反洗钱行政主管部门负责全国的反洗钱监督管理工作。国务院有关部门、机构在各自的职责范围内履行反洗钱监督管理职责。国务院反洗钱行政主管部门、国务院有关部门、机构和司法机关在反洗钱工作中应当相互配合。"国务院反洗钱行政监管部门即中国人民银行。《反洗钱法》的出台，在国家立法层面明确了国务院反洗钱行政主管部门及相关部门的监管职责和分工，从而确定了我国"一部门主管，多部门参与和配合"的反洗钱监管体制。

2008年，反洗钱工作部际联席会议第五次会议通过了《中国反洗钱战略》，并于2009年底正式发布。2010年，中国人民银行、银监会、证监会、保监会共同完成金融稳定评估（FSAP）框架内的反洗钱评估及金融业反洗钱评估后续进展报告。2012年，反洗钱各相关部门加强协调，在反洗钱工作部际联席会议机制框架下，中国人民银行与各部委通力合作，共同研究，如期完成中国政府此前向国际社会承诺的《中国改进反洗钱反恐怖融资体系行动计划》。2012年12月，公安部会同银监会制定下发《关于进一步做好涉恐融资案件资金查控工作的通知》（公经〔2012〕1050号），进一步贯彻落实2011年公安部、中国人民银行、海关总署、银监会、国家外汇管理局联合下发的《关于进一步加强打击涉恐融资工作的通知》精神，确定专人负责并细化工作要求。2014年，中国人民银行组织召开第七次反洗钱工作部际联席会议，讨论通过了《国家洗钱和恐怖融资风险评估总体规划》，构建了国家层面的洗钱和恐怖融资风险评估体系；共同研究修订《金融机构大额交易和可疑交易报告管理办法》，初步确定了合并反洗钱和反恐怖融资可疑交易报告要求，取消可疑交易报告的法定客观标准，建立以合理怀疑为基础的可疑交易报告制度。

2015年，公安部经济犯罪侦查局与中国反洗钱监测分析中心签订《电子化交换平台合作备忘录》，实现通过专线查询和在线反馈洗钱情报数据，提高侦查和协查工作效率。2017年，民政部与中国人民银行联合印发了《社会组织反洗钱和反恐怖融资管理办法》，明确了社会组织反洗钱和反恐怖融资的活动准则和内部控制要求，正式将社会组织纳入反洗钱和反恐怖融资监管体系；同年，财政部与国家税务总局等部门联合发布了《非居民金融账户涉税信息尽职调查管理办法》。2018年，民政部与中国人民银行联合发布《社会组织反洗钱和反恐怖融资管理办法》，财政部发布《关于加强注册会计师行业监管有关事项的通知》，对会计师事务所开展特定业务时履行反洗钱和反恐怖融资义务作出了具体规定，将会计行业纳入反洗钱和反恐怖融资监管。除此以外，本小节列出的很多办法和规定都有多个部门参与，共同制定。没有各个部门的全力配合，反洗钱监管工作无法形成闭环并得以有效实施。

第三章　洗钱犯罪概述

第一节　洗钱犯罪界定

一、国际公约对洗钱的定义

（一）《联合国禁止非法贩运麻醉药品和精神药物公约》对洗钱的定义

洗钱作为法律概念，最早出现在 1988 年 12 月 19 日《联合国禁止非法贩运麻醉药品和精神药物公约》（以下简称《联合国禁毒公约》）中，该公约第 3 条规定，明知是制造、生产、贩运或走私毒品获得的财产，为隐瞒该财产的非法来源，或为协助涉及毒品犯罪的人逃避其行为的法律后果而转换或者转让该财产，隐瞒财产的真实来源、性质、所在地，转移、处置相关的权利或所有权的，构成犯罪。此后，许多国家和国际组织都制定了有关的反洗钱法律规范。

巴塞尔银行监管委员会于 1988 年发布的《关于防止利用银行系统洗钱的声明》中，从金融交易的角度将洗钱活动界定为：犯罪者及其同伙通过金融系统将资金用于其各个账户之间的支付或隐藏、转移资金的所有权和来源，以及通过保险箱业务存储银行券。银行或者其他金融机构可能会在无意之中被犯罪分子所利用，成为犯罪活动获得的资金转移或存款的中介。显然，这个定义缩小了洗钱的范围，偏重金融交易领域，反映了利用金融机构进行洗钱活动的特点。

（二）《联合国打击跨国有组织犯罪公约》对洗钱的定义

《联合国打击跨国有组织犯罪公约》（也称《巴勒莫公约》）于2003年9月29日生效，我国于2000年12月12日签署该公约，全国人大常委会于2003年8月27日批准该公约。《联合国打击跨国有组织犯罪公约》第6条对洗钱行为的定义是这样的：

（1）明知财产为犯罪所得，为隐瞒或掩饰该财产的非法来源，或为协助任何参与实施上游犯罪者逃避其行为的法律后果而转换或转让财产；

（2）明知财产为犯罪所得而隐瞒或掩饰该财产的真实性质来源、所在地、处置、转移、所有权或有关的权利。

在符合其本国法律制度基本概念的情况下：

（1）在得到财产时，明知其为犯罪所得而仍获取、占有或使用；

（2）参与、合伙或共谋实施，实施未遂，以及协助、教唆、促使和参谋实施本条所确立的任何犯罪。

显然，这个定义侧重对洗钱行为人意图的描述而对洗钱的客观表述仅作概括性总结。《联合国打击跨国有组织犯罪公约》对洗钱的刑事犯罪性采取了同《联合国禁毒公约》相同的规定，即各国在其国内法中有义务规定某些形态的洗钱犯罪，同时也可以决定是否在其国内法中将另一些行为规定为洗钱犯罪。为此，公约规定，各缔约国有义务依照本国法律的基本原则采取必要的立法和其他措施，将上述公约第6条的故意行为规定为刑事犯罪。

（三）《联合国反腐败公约》对洗钱的定义

腐败历来是困扰每个国家的严重问题，随着经济和社会的不断发展，腐败也同洗钱结合起来，主要表现为腐败分子通过各种经济手段隐匿、掩盖赃款，并利用各国法律漏洞，规避法律，从而达到转移非法所得的目的。"腐败对社会稳定和安全构成了严重的威胁，它破坏民主体制和价值观、道德观和正义，并危害着可持续发展和法治。世界各国已经注意到了腐败同其他形式的犯罪，特别是同有组织犯罪和包括洗钱在内的经济犯罪的联系。"国际社会对腐败问题的关注和打击由来已久，也制定了相应的预防和打击腐败的国际性法律，如美洲国家组织于1996年3月29日通过的《美洲反腐败公约》、欧洲联盟理事会于1997年5月26日通过的《打击涉及欧洲共同体官员或欧洲联盟成员国官员的腐败行为公约》、经济合作与发展组织于1997年11月21日通过的《禁止在国际商业交易中贿赂外国公职人员公约》、欧洲委员会部长委员于1999年1月27日通过的《反腐败刑法公约》以及同年11月4日通过的《反腐败民法公约》、非洲联盟国家和政府首脑于2003年7月12日通过的《非洲联盟预防和打击腐败公约》。有了以上国际性法律文件作为基础，联合国于2000年开始制定反腐败国际法律文书。同年12月4日，联合国大会通过了55/61决议，为谈判制定《联合国反腐败公约》成立了一个特设委员会，并于12月20日通过了联大第55/188号决议，广泛邀请各国专家召开会议讨论非法转移资金和将此类资金返还来源国的问题，针对这两个问题联大分别于2001年12月21日和2002年12月20日形成了第56/186号和第57/244号决议。2001年12月4—7日，《联合国反腐败公约》谈判工作特设委员会在阿根廷首都布宜诺斯艾利斯召开第一次非正式筹备会议；2002年3月18—22日在墨西哥蒙特雷举行的发展筹资国际会议通过了《蒙特雷共识》，强调打击腐败是优先事项；2002年8月26日—9月4日在南非约翰内斯堡举行的可持续发展问题世界首脑会议通过了《约翰内斯堡可持续发展宣言》，宣告了腐败是对人类可持续发展的严重威胁。该共识和宣言进一步推动了《联合国反腐败公约》的制定。最后，联合国大会于2003年9月29日通过了《联合国反腐败公约》，并于2003年12月9—11日在墨西哥梅里达举行会议以供开放签署。

《联合国反腐败公约》要求各缔约国根据本国法律的基本原则采取必要的立法和其他措施，规定以下行为是洗钱犯罪。

（1）明知财产为犯罪所得，为隐瞒或掩饰该财产的非法来源，或者为协助任何参与实施上游犯罪者逃避其行为的法律后果而转换或转移该财产；明知财产为犯罪所得而隐瞒或掩饰该财产的真实性质、来源、所在地、处分、转移、所有权或者有关的权利。

（2）在符合本国基本法律原则和概念的情况下，在得到财产时，明知其为犯罪所得而仍获取、占有或者使用；参与、协同或者共谋实施、实施未遂以及协助、教唆、便利和参谋实施。

二、FATF组织对洗钱的定义

反洗钱金融行动特别工作组（Financial Action Task Force on Money Laundering，FATF）是专门致力于控制洗钱的政府间国际组织，成立于1989年。主要任务是制定国际反洗钱标准，其制定的反洗钱标准虽然只是建议性的，但被国际社会普遍采纳。FATF的具体任务是评估在防止利用银行和金融系统洗钱方面已有的合作成果，考虑在该领域的其他预防性措施。在1989年7月召开的西方七国集团巴黎峰会上，七国集团首脑和欧共体委员会主席对国际贩毒集团以及有组织犯罪所具有的金融和财务能力等问题进行了深入的探讨，一致认为需要在国内和国际方面立即采取果断的行动去控制毒品贩运以及毒品洗钱。为了控制毒品贩运和涉及毒品的洗钱活动，他们决定采取一些新的措施，这些措施包括缔结新的包含识别、追查、冻结、扣押和没收毒品犯罪收益的双边或多边协定和制定相应的国内立法以及建立一个FATF，这个工作组的成员由西方七国成员国以及其他关注洗钱问题的国家组成。上述主张反映在1986年7月16日七国集团的经济宣言中。

1990年2月，FATF发布第一版《反洗钱40条建议》（以下简称《40条建议》）。该建议最初是打击利用金融系统清洗涉毒犯罪资金的手段。在《40条建议》的总则中，明确规定"各国应立即采取措施，承认、批准和全面实施1988年《联合国禁止非法贩运麻醉药品和精神药物公约》"。这充分表明了FATF以及《40条建议》对《联合国禁毒公约》的重视，并把它作为国际反洗钱的首要措施。在制定《40条建议》的过程中，FATF所秉承的态度是尽量做到面面俱到。因此在建议中，包含了对洗钱的预防、侦测、调查、起诉、定罪、没收、处罚和国际合作等内容，还针对金融机构和非金融机构作了专门规定，在完备性上，该建议与《联合国禁毒公约》有相似之处。虽然FATF希望并致力于为国际社会的反洗钱制定出统一的国际标准，但它也明白每个国家的法律和金融制度各有不同，因此不能整齐划一地采取完全相同的措施。工作组的《40条建议》只是为各国、各地区和各国际组织在反洗钱方面的行动订立原则，对其中并未明确规定的细节内容，各国、各地区和各国际组织可灵活变通，根据个别情况，本着基本规则予以实施。工作组认为，只要有决心采取行动，有关措施并非特别复杂或难以执行，而且也不会损害从事合法交易的自由或妨碍经济发展。所以，FATF作为全球性的反洗钱国际组织机构，对洗钱的定义为：凡隐匿或掩饰因犯罪行为所取得的财物的真实性质、来源、地点、流向及转移，或协助任何与非法活动有关系之人规避法律应负责任者，均属洗钱行为。可见FATF对洗钱活动的界定还是相当宽泛的，不仅包含洗钱者对犯罪所得形式合法化的行为，而且还包含协助他人来洗钱的行为。

三、美国《银行保密法》《洗钱控制法》《爱国者法案》对洗钱的定义

（一）美国《银行保密法》对洗钱的定义

美国关于反洗钱的主要立法是1970年颁布的《银行保密法》（也称1970年《货币和对外交易报告法》）。该法案是美国惩治金融犯罪法律体系的核心立法，后续一系列法案（包括美国《爱国者法案》）的出台都是为了补充、修订《银行保密法》，以弥补其漏洞，加大其实施力度。《银行保密法》的立法目的是遏制使用秘密的外国银行账户，并通过要求受监管机构提交报告和保存记录的方式来识别进出美国或存入金融机构的货币和金融工具的来源、数量及流向，从而为执法部门提供审计线索。该法首创了大额交易报告制度，把证券、期货机构纳入该法的适用范围，证券、期货机构应向美国海关署和税务署报告金额超过1万美元的现金交易。

（二）美国《洗钱控制法》对洗钱的定义

美国《洗钱控制法》采用了宽泛的列举方式来定义洗钱，该法案主要列举了以下三种洗钱方法：

（1）任何人如果明知一项金融交易所涉及的财产属于非法活动所得，但仍然进行或企图进行相关非法活动所得的交易活动，企图促成非法活动，或者逃避州或联邦法律制定的申报制度，或者故意全部或部分隐瞒该法定非法所得的控制权、地点、来源、所有权、性质。

（2）任何人从美国的一个地方或美国以外的某个地方输送或企图输送资金或货币工具，或者通过美国以外的某个地方向美国某地转移或企图转移资金或货币工具，并且企图促进该非法活动，或者明知所转移的资金或货币工具是涉嫌非法所得，而有意隐瞒该非法所得的地点、性质、所有权、来源、控制权，或逃避州、联邦法律规定的相关申报制度。

（3）该法将凡是通过非法途径获取的收益都归入洗钱的范围，只要从事或者试图从事法律所禁止的金融活动，即使是有关金融交易与非法活动的收益，都有可能构成洗钱犯罪。这种宽泛的界定方式为美国之后的反洗钱立法及金融机构的监管做了铺垫，也影响了其他国家、地区和国际组织对洗钱范围的界定。

（三）美国《爱国者法案》对洗钱的定义

"9·11"恐怖事件发生后不久，为了防范恐怖行为，惩罚国内外的恐怖分子，加强执法调查手段，美国参众两院于2001年10月4日一致通过了《使用适当之手段来阻止或避免恐怖主义以团结并强化美国的法律》（以下简称《爱国者法案》）。美国《爱国者法案》对《银行保密法》中关于反洗钱相关规定做了重大修订，确立了洗钱的新标准，即金融交易与凡是犯罪（包括金融交易之后的犯罪）或有助于犯罪的某种环境的联系。除此之外，还包括要求从政策、程序和风控措施方面制定反洗钱法案。

四、我国对洗钱的立法定义

我国1979年通过的《刑法》并未规定洗钱罪。随着打击毒品犯罪、走私犯罪、有组织性质犯罪和贪污腐败等犯罪行为的需要，加上我国也加入了有关反洗钱国际组织，签署了相关的反洗钱国际公约，需要承担反洗钱的国际义务，加强反洗钱立法已迫在眉睫。1997年，我国刑事立法设定了"洗钱罪"罪名，但当时刑法上对洗钱罪概念的研究还不够深入，洗钱罪的概念较多数是围绕洗钱罪的罪状来进行表述的。

第一种观点认为，洗钱罪是指隐瞒或者掩盖他人或自己从事诸如欺诈、贩毒等严重犯罪活动中获得的收益来源、性质、所有权、地点等的行为。它帮助犯罪分子得以达到经济目的，并且通过金钱财物实现犯罪的恶性膨胀以及恶性循环。该观点从犯罪学角度对洗钱罪概念进行界定，将洗钱罪的上游犯罪范围扩大到严重经济犯罪活动，行为方式表现为掩盖和隐瞒犯罪中所获得钱财的性质、来源、地点、所有权等。这种界定虽然更有利于打击洗钱行为，但其缺陷是将洗钱的对象限于钱财，范围较窄，而且这种界定不适用于我国刑法打击洗钱行为的刑事立法规定。

第二种观点认为，洗钱罪是指明知是黑社会性质的组织犯罪、毒品犯罪、恐怖活动犯罪、走私犯罪的违法所得收益及产生的收益，为了隐瞒、掩盖其性质和来源，而通过投资办企业、存入金融机构或在市场上流通等手段使其合法化的行为[①]。该观点虽然也是根据我国当时的刑事立法规定对洗钱罪概念进行界定，但把洗钱行为方式限定为"通过存入金融机构、投资办企业或在市场上流通等手段使其合法化的行为"。"通过金融机构"和"投资办厂"洗钱易于理解，但是，"通过市场流通"方式洗钱却有抽象之嫌，不易于在司法实践中去把握。

第三种观点认为，洗钱罪是指行为人明知是毒品犯罪、黑社会性质的组织犯罪、恐怖活动犯罪、走私犯罪、贪污贿赂犯罪、破坏金融管理秩序犯罪和金融诈骗犯罪的违法所得及产生的收益，而为其提供资金上的账户平台，或者协助将其财产转换为现金或者金融票据，或通过转账、其他结算方式协助资金转移，或将资金汇出境外，或以其他方法隐瞒、掩饰犯罪的违法所得以及其收益的性质和来源的行为。该定义扩大了洗钱罪的上游犯罪范围。这种观点对洗钱罪概念的界定比较适当，符合我国刑事立法的规定。刑法上已经对洗钱罪上游犯罪的范围进行修改，因此对洗钱罪的定义通常认为是指行为人明知是黑社会性质的组织犯罪、毒品犯罪、走私犯罪或者恐怖活动犯罪、破坏金融管理秩序犯罪、贪污贿赂犯罪、金融诈骗犯罪的违法所得收益及其产生的收益而为它提供资金上的账户平台，或者协助将其财产转变为现金或者金融票据，或通过转账或其他结算方式协助资金转移，或将资金汇出境外，或以其他方法隐瞒、掩饰犯罪违法所得及收益性质和来源的行为。尽管第三种观点比较符合我国主流观点，但笔者认为还是存

[①]马克昌.经济犯罪新论[M].武汉：武汉大学出版社，1998：349.

在一些问题，如上游犯罪范围偏窄、洗钱行为与上游犯罪合并处理存在缺陷等，这些问题将在之后予以论述。

第二节 洗钱犯罪构成

一、客体要件

洗钱罪侵犯的客体是国家金融管理制度和司法机关的正常活动。掩饰、隐瞒犯罪的违法所得及其收益的性质和来源行为也称洗钱，意指犯罪分子为掩盖其不法行为，通过金融活动将赃款由"黑钱变白"，从而达到可以公开使用的目的。换言之，即犯罪分子通过另一种犯罪行为将犯罪所得的赃款合法化。据世界银行1994年报告，国际犯罪集团的黑钱达到惊人的7500亿美元，而同年中国的国内生产总值才约5000亿美元。这些黑钱绝大多数都将由犯罪分子"洗白"，堂而皇之地进入正常的经济生活中。例如，1993年澳大利亚就曾查获一特大洗钱案，涉及金额达5100万美元。当警方破案时，其中4100万美元已被"洗净"。贩毒猖獗的哥伦比亚，每年可因洗钱而增加约70亿美元的收入，委内瑞拉也达30亿~50亿美元。目前，洗钱活动的多发地为法国、德国、美国、加拿大、哥伦比亚、委内瑞拉、新加坡等国家和地区。

鉴于洗钱犯罪活动涉及的国家越来越多，危害越来越严重，1995年伊始，来自警察、海关、金融、工商和财政等部门的1200多名代表聚集在塞浦路斯首都尼科西亚市，召开了为期一周的制止银行系统洗钱研讨会。会议呼吁各国加强措施，要求银行提高辨别洗钱犯罪的能力，以杜绝国际社会上的洗钱犯罪。这种犯罪行为，严重地干扰了金融秩序和经济秩序，进而危害社会生活的方方面面。由于犯罪分子或许会利用我国的金融机构来进行洗钱，对此，我国不能不有所防范，以打击这类犯罪行为。行为人掩饰、隐瞒犯罪的违法所得及其收益的性质和来源的行为方式多种多样，但都妨碍了司法机关对犯罪的违法所得及其收益、犯罪所得赃物的追缴，一定程度上帮助犯罪分子逃避法律制裁，便于犯罪分子利用其犯罪所创造的物质条件继续进行更加严重的犯罪活动，因此，这种犯罪行为有较严重的社会危害性，需要予以惩处。

二、客观要件

洗钱罪在客观方面表现为明知是毒品犯罪、黑社会性质的组织犯罪、恐怖活动犯罪、走私犯罪、贪污贿赂犯罪、破坏金融管理秩序犯罪和金融诈骗犯罪的违法所得及其产生的收益，为了掩饰、隐瞒其来源和性质而实施洗钱行为。具体来说有以下五种表现形式：

（1）提供资金账户。这是赃款在金融领域内流转的第一个环节，赃款持有人应首先开立一个银行账户，然后才能将该赃款汇出境外或开出票据以供使用等。该账户往往掩盖了赃款持有人的真实身份，具体手法是为赃款持有人提供帮助，为其在金融机构开立合法账户或开立假账户。通过上述行为，使赃款与赃款持有人在形式上分离，使司法机关难以追查赃款的去向。

（2）协助将财产转换为现金或金融票据。毒品犯罪、黑社会性质的组织犯罪、走私犯罪在犯罪过程中，除可以获得现金、收益外，还往往会得到大量不便于携带、难以转移的财产，诸如股票、债券、贵重金属、名人字画乃至汽车、船舶和其他一些不动产。行为人只要明知该财产是上述三种犯罪所得的，无论采取质押、抵押还是买卖的方式同财产持有人交易，将该财产换为现金或金融票据，都将构成洗钱罪。

（3）通过转账结算方式协助资金转移，也就是将非法资金混杂于合法的现金中，凭借银行支票或其他方法使这笔资金以合法的形式出现，以便用来开办公司、企业，从而使非法资金具有流动性并获得利润。

（4）协助将资金汇往境外。将国内的赃款迅速转移至境外的一些保密银行是赃款持有人经常采用的方式。在我国，资金的境内外流动是在国家的监控下，尤其是资金调往境外更不是一般公民或企业所能办到的。所以一些特殊的享有将资金调往境外权利的公民、企业，只要为赃款调往境外提供帮助，即可构成洗钱罪。

（5）以其他方法掩饰、隐瞒犯罪的违法所得及其收益的性质和来源。主要是指将犯罪收入藏匿于汽车或其他交通工具中带出国境，然后兑换成外币或购买财产，或以国外亲属的名义存入国外银行，然后再返回本国；开设酒吧、饭店、旅馆、超市、夜总会、舞厅等服务行业及日常大量使用现金的行业，把非法获取的收入混入合法收入之中；用现金购买不动产等然后变卖出去；用高昂的价格购买某种劣质产品甚至废料等，将钱寄往异地或异国的同伙，以此将钱转移出去，使赃钱合法化等。

这里有三点值得注意：第一，洗钱罪是行为犯，只要行为人实施了上述五种行为之一，不论其犯罪目的是否达到或其结果如何，均属既遂。第二，洗钱必须是在实施这七类犯罪以后才能实行，而且事先与赃款持有人（上述七种犯罪的罪犯）没有通谋。如果事先与赃款持有人通谋，在其犯罪以后帮助洗钱的，应按照共同犯罪处理。例如，经过事先通谋，事后帮助走私分子洗钱的，应视为走私罪的共犯。第三，洗钱行为可以是作为行为，也可以是不作为行为。作为行为是一种积极、主动的行为，不作为行为是不做出积极、主动的行为，而是任由行为后果的状态持续。作为行为和不作为行为都能产生一定的法律后果。洗钱行为在客观方面要求有掩盖行为。掩盖行为是一个重要特征。所谓掩盖，既可以是积极的作为行为，也可以是不作为行为。以作为行为完成的洗钱，是指以积极主动的掩盖行为来完成洗钱，如收到上游犯罪行为交付的财物后主动藏匿。不作为行为是指行为人知道实情后不采取主动终止行为结果发生的措施，导致危害社会结果发生的行为。例如，若行为人账户上收到一笔款项，在收到款项的时刻，行为人可以不知情，也无法阻止，对账户收款的事实也无法做出事前控制，但在知道实情后，其有义务采取主动的行为防止危害结果持续。

三、主体要件

洗钱罪的主体为一般主体，即达到刑事责任年龄且具有刑事责任能力的自然人均可构成。洗钱罪的主体是年满16周岁具有刑事责任能力的自然人，目前的立法是洗钱罪也可以有单位犯罪。这一点最早是在《中华人民共和国刑法修正案（七）》草案中明确的。笔者认为，明确洗钱罪的单位犯罪是有必要的，因为洗钱行为不仅自然人可以实施，单位也可以实施。需要理解的是，单位犯罪必须是在单位共同决策下进行的，而且应该与单位的经营活动有所关联。可见，我国之前立法在洗钱罪的犯罪主体方面有所扩大，这对打击洗钱犯罪产生了积极的效果。

我国在洗钱罪与上游犯罪主体能否同一的问题上，既无明文规定，又无司法解释，理论界对此存在较大争议。否定说认为，从新刑法对洗钱罪的主体本意而言，其主体只能是"上游犯罪"行为以外的、与之没有共犯关系的自然人或单位。因为犯罪分子实施犯罪获得财产后，自然要对之进行清洗，使之成为合法的财产，这种"不可罚的事后行为"，从本质上来讲具有"阻却责任"的性质，自然不能独立成罪。肯定说认为，洗钱犯罪的行为主体可以是从事毒品犯罪、黑社会性质的组织犯罪、走私犯罪、恐怖活动犯罪等的行为人。洗钱罪的主体可以分为两类：一类是先实施毒品犯罪、黑社会性质的组织犯罪或走私犯罪、恐怖活动犯罪或其他违法犯罪行为，再直接进行洗钱的犯罪分子；另一类是没有参与获取赃款的过程，只进行洗钱的犯罪分子。笔者认为第一种说法较为合理，因为既然刑法规定了洗钱罪，可见刑法是将两者区别对待，否则刑法区分洗钱罪和上游犯罪也就没有了意义。

四、主观要件

洗钱罪的主观方面是出于故意，过失不构成洗钱行为。故意就是行为人明知是与上游犯罪行为相关的财产而加以掩饰。在法学理论上，故意包括直接故意和间接故意两种。直接故意是行为人明知行为的性质和后果而追求这种结果，间接故意是行为人明知行为的性质和后果但放任这种结果发生。洗钱行为人属于直接故意还是间接故意都不影响洗钱行为的定性。笔者认为，司法实践中金融机构的洗钱行为多属于间接故意。行为人一般不会主动追求洗钱这一结果或者过程，洗钱行为人洗钱的目的与上游犯罪行为人的主观动机可能不一致，洗钱行为人可能是为了获取利润。如果洗钱行为人不是金融机构，可能会出现动机一致的情况，比如替犯罪的亲属洗钱的行为。就我国目前的法律规定而言，行为人在主观上不是"明知"而是"可能知道"，也不能构成洗钱行为。"可能知道"在刑法理论上属于过失犯罪的范畴。刑法理论上的过失，包括过于自信的过失和疏忽大意的过失两种。过于自信的过失是指行为人明知自己的行为可能发生危害社会的结果而轻信可以避免；疏忽大意的过失是指行为人应当知道自己的行为可能发生危害社会的结果而未预见致使结果发生。过失犯罪只有在法律有明确规定时才构成犯罪。《刑法》第一百九十一条已经明确规定洗钱罪的主观要件为明知。在司法实践中，对于行为人"明知"的认定，应结合行为人主客观方面的表现作综合判断，行为人主观认识中的"可能知道"达到比较高的盖然性时，可能会被认定为"明知"。《最高人民法院关于审理洗钱等刑事案件具体应用法律若干问题的解释》第一条规定，具有下列情形之一的，可以认定被告人明知系犯罪所得及其收益，但有证据证明确实不知道的除外：

（1）知道他人从事犯罪活动，协助转换或者转移财物的；

（2）没有正当理由，通过非法途径协助转换或者转移财物的；

（3）没有正当理由，以明显低于市场的价格收购财物的；

（4）没有正当理由，协助转换或者转移财物，收取明显高于市场的"手续费"的；

（5）没有正当理由，协助他人将巨额现金散存于多个银行账户或者在不同银行账户之间频繁划转的；

（6）协助近亲属或者其他关系密切的人转换或者转移与其职业或者财产状况明显不符的财物的；

（7）其他可以认定行为人明知的情形。

第三节 洗钱犯罪的主要特征

目前，我国的洗钱现象明显增多，洗钱或者明显带有洗钱性质的案件发案率正在迅速上升。尤其是一些境外组织在加紧对我国各方面渗透的同时，也在利用各种途径进行洗钱活动。同时，随着经济全球化进程的推进，洗钱犯罪向国际蔓延，呈现出新特点、新方式。当前，我国洗钱犯罪主要具有以下特点：

一、缺乏可识别的受害者

可识别受害者效应是指受害者如果不具备高的可识别性,人们会对其漠然视之。当对受害者进行描述后,人们向受害者提供帮助的意愿就会显著增加。受害者的可识别性造成人们对受害者帮助行为增加的现象。虽然需要帮助的人数很多,但是人们经常着迷于具体的、可辨别的受害者信息。发生不幸事件后,人们经常从媒体上看到"伤亡×××人"这样的表述,研究者将这些用数字表示的不幸事件的受害者称为"统计型受害者"(Statistical Victims),他们属于"不可识别受害者"(Unidentified Victim);如果受害者的其他信息(如姓名、年龄、家庭情况或照片等)被报道出来,这些有信息描述的受害者即为"可识别受害者"(Identifiable Victim)①。

1987年,一名叫杰西卡的美国得克萨斯州的女孩不慎跌入一口废井中,该意外事件受到世界各国媒体的极大关注,杰西卡被救援后收到70万美元的公众捐款,还拍摄了一部纪录片。为什么人们在见到某个人受难时,会马上付诸帮助,而在面对更严重、涉及更多人的悲剧时,却往往不能闻声而起付诸帮助呢?早在20世纪80年代,就有研究者发现,特定、具体的例子比那些苍白、广泛的统计信息对人们的社会判断具有更大的影响力。近些年,亲社会行为的研究中也发现了一种特殊的现象——可识别受害者效应,是指由受害者的可识别性造成的人们对受害者关注和帮助行为增加的现象,虽然相关的现象和需要帮助的人数很多,但是人们经常着迷于具体的、可辨别的受害者信息。

洗钱犯罪不同于一般的街头犯罪,其犯罪结果或犯罪危害难以被人直观感知。洗钱犯罪没有可识别的受害者,其行为本身也不具有明显的可谴责性,所以难以引起人们的关注。如集资诈骗、票据诈骗、传销等都有受害人。但是,洗钱犯罪在短时间内对金融机构及其从业人员的影响不明显,甚至他们通过金融操作或提供金融服务,还可以从中取得一定的经济利益。在这种情况下金融机构及其从业人员就缺乏反洗钱的主动性和积极性。而现实中侦查机关在查处洗钱案件

---

①高俊翔,洪芳.可识别受害者效应研究综述[J].消费导刊,2018(19):251-253.

时，大多数都是依靠金融机构提供情报信息去发掘洗钱案件线索的。所以，如果没有金融机构及其从业人员的积极配合，就会有很大一部分的洗钱案件无法被发现。此外，我国目前对洗钱行为完整的、有效的监控机制尚未形成体系，大量的洗钱行为如果没有和上游犯罪明显结合在一起，司法机关根本无从下手，即便查处也多是司法机关在追赃的过程中发现的，无法有效地遏止洗钱的源头和对洗钱的相关组织或机构进行有效打击。所以，警方想要直接发现洗钱犯罪是很困难的，只能依靠间接的申报资料或者利用一些其他的数据加以分析，从而获取线索。即便如此，发现的犯罪数同实际犯罪数相比也是很低的[①]。例如，美国虽然拥有比较完善的现金交易申报制度和可疑交易申报制度，但还是不得不借助"眼线"和"告密者"以及复杂的刑侦手段来发现洗钱犯罪。

二、"稻草人"成为洗钱犯罪的新工具

2000年，在FATF公布的报告中，利用空壳公司进行洗钱的案例很多；如今，利用"稻草人"进行洗钱成为犯罪者一种新的洗钱方式。所谓利用"稻草人"洗钱，是指通过不知情的自然人将犯罪收益洗清。这些被利用的自然人与犯罪收益并无关系且没有任何犯罪前科。如果利用他们来转移资金往往不会引起注意，也不会被警方怀疑。FATF公布过这样一则案例：有一个高度严密的商业财团利用游客将被窃和被涂改过的支票洗清，游客会被带进国境内并被指导如何用他们的真实姓名开立银行账户，一旦账户开立成功，自动取款卡和个人识别码会立刻转给该财团的组织者。最后，再将被窃取和被涂改过的支票存入这些账户。该案中游客即是洗钱者的"稻草人"，他们被犯罪者利用，将犯罪收益洗清。简单来说就是犯罪收益分散给雇佣的专门人员，由这些人到各个银行进行小额交易，然后通过层层转账或者领取支票的方式，将钱再次汇集或者转移至国外。比如广西黄广锐洗钱案，黄广锐及其所在的犯罪集团开设了几十个个人账户，通过在多地频繁转账、交易、兑换，最终将犯罪收益转移至香港，在一年多的时间洗钱将近1.3亿元。这种洗钱方式其实特别适合毒贩和电信诈骗集团，因为

---

①赵金成.洗钱犯罪研究[M].北京：中国人民公安大学出版社，2006：15.

同伙成员较多。

三、洗钱活动更具专业性

随着社会经济、科技的飞速发展，世界各国人员的往来、商品的运送、资金的流动、信息的传播、服务的提供日益国际化，犯罪国际化的趋势也日益增强。在追逐非法经济利益的跨国犯罪活动中，犯罪收益的转移成为一个关键点，与之相适应，原来在一国范围内的洗钱活动就逐步发展为超越一国国境的跨国洗钱活动。1957年，被称为"现代有组织犯罪之父"的黑手党头目鲁西亚诺、洗钱者米歇尔及有金融专业背景的MS等人开始了专业洗钱活动。此后，跨国洗钱从分散的无组织的隐瞒犯罪收益的行为逐步演变成具有专业分工的、有组织隐瞒犯罪收益并使之合法化的运作机制。也就是说，洗钱犯罪活动成为一种更为专业的、相对独立的犯罪环节。为了降低洗钱的风险度，增加受益机会，犯罪分子的洗钱方式也越来越专业化。其专业性主要表现在以下几方面：

（1）由于现在的洗钱犯罪大多数也是有组织犯罪，因此，有些犯罪组织会有专门的部门或人员对洗钱的危险性加以分析，然后寻求最佳的洗钱时间以及洗钱途径。

（2）在洗钱过程中更多地使用现代化技术，如电脑黑客技术等。

（3）上游犯罪活动与洗钱行为进一步分离，以致出现了专门的洗钱服务机构，为更多的犯罪分子和犯罪组织提供服务，例如策划洗钱方案，帮助洗钱者购买或出售财产，以委托人、中介人的身份运作巨额资金、更换账户、转移资金、出售股票等[①]。

（4）犯罪组织对专业人士的依赖性越来越强。如会计、律师、金融专家、审计师、私人投资家等专业人士进一步参与洗钱活动，使洗钱活动更加专业化。

四、国际性

根据有关学者对世界各国的防治洗钱犯罪的法律制度进行比较所得出的结

---

①章彰，傅巧灵.洗钱反洗钱[M].北京：经济日报出版社，2003：12.

论，洗钱犯罪的国际化日趋明显[1]。洗钱犯罪活动在最初的发展阶段其活动区域不大，但随着时间的推移，洗钱犯罪越来越国际化。特别是20世纪80年代以来，随着国际毒品犯罪和其他有组织跨国犯罪活动的日益猖獗，跨国洗钱问题逐渐引起国际社会的关注。跨国洗钱的法律控制问题提上了有关国际组织和国家的议事日程。各国纷纷进行反洗钱国内立法，联合国和欧盟等主要国际组织则进行反洗钱国际立法，并采取措施加强反洗钱国际合作。FATF这一专门的反洗钱政府间国际组织也通过G7峰会于1989年成立，目前成员已有36个国家和地区、2个国际组织以及20多个观察员国家，包括北美、欧洲、亚洲和南美等主要金融中心。另外，全球经济一体化为洗钱行为的实施提供了便捷条件，各国之间日益频繁的经济往来，使国际性洗钱最受犯罪分子青睐[2]。洗钱活动之所以国际化就是因为各个国家对洗钱的认识不同，法律规定不一。例如，美国在金融方面有一套严格的反洗钱申报制度，而且对洗钱犯罪的刑事处罚非常严厉，最高刑可判处20年；而有的国家根本没把洗钱活动作为犯罪；更有甚者，一些国家还出台了有利于洗钱活动的严格的银行保密制度，这些国家被认为是洗钱的天堂，给跨国间的反洗钱协作带来了极大的困难。与此同时，洗钱的国际性不仅指洗钱犯罪涉及的地域具有国际性，还包括犯罪技术的国际化，先进的犯罪手段会迅速在全球范围内传播开来。所以，建立国际反洗钱协作机制是反洗钱对策的一个必要组成部分。

五、洗钱犯罪的过程具有相当的复杂性

首先，洗钱的手段众多，几乎银行提供的所有服务都有可能被洗钱者利用。洗钱犯罪活动通常与其他犯罪行为纠缠在一起，从而使洗钱的过程变得相当复杂，没有固定的模式。尤其在贸易全球化时代，金融全球化通过银行的中介作用，增加了合法活动和非法活动之间的复杂连通关系。银行与非银行机构以"职业秘密"和"不干预"为由，在犯罪集团和合法经济之间竖起了一道挡风板。非法资本与偷税一样，以相同的方式进行再循环。金融系统变成了一个熔炉，使腐

---

①高铭暄，米海依尔·戴尔玛斯-马蒂.经济犯罪和侵犯人身权利犯罪的国际化及其对策[M].赵秉志，等译.北京：中国人民公安大学出版社，1996：221.

②马长生.国际公约与刑法若干问题研究[M].北京：北京大学出版社，2004：493.

败的"灰色区"和毒品走私的"黑色区"难以划分：腐败保护洗钱，洗钱滋养腐败，两者形成了一个金融旋体，从而助长了经济犯罪。中国人民银行专业人士分析，洗钱活动有四个共同的因素，案犯在进行洗钱活动时通常会考虑到：①需要隐藏有关金钱的真正拥有权及来源；②改变有关金钱的形式；③洗钱过程不得留下明显的痕迹；④必须始终控制洗钱的全过程。因为洗钱者要掩饰或隐瞒犯罪收益的性质、来源，就必须对犯罪收益原有的形式加以转化，通过一系列复杂的环节将犯罪收益伪装成合法收益。

其次，要达到洗钱的目的，就要改变犯罪收益原有的形式，消除可能成为证据的痕迹，就要为犯罪收益制造假象，使犯罪收益与合法收益融为一体。这就使洗钱往往要经过放置、培植以及融合等几个阶段[①]。从洗钱活动的过程也可见洗钱犯罪的复杂性，从而使洗钱犯罪更加隐蔽、更为诡秘。

六、洗钱犯罪在中国具有自己的特性

我国《刑法》规定，洗钱犯罪与毒品犯罪、黑社会性质的组织犯罪以及走私犯罪的非法所得及其产生的收益联系在一起，而为贪污受贿等犯罪所得及收益掩饰、隐瞒其来源和性质的行为却被排除在洗钱犯罪范畴之外。这就导致在我国一种新的洗钱犯罪，即腐败的公职人员洗钱现象日趋严重。他们一方面充当洗钱犯罪的"保护伞"，另一方面通过各种途径给自己贪污受贿的黑钱披上合法外衣。之后，不仅可以公开挥霍和享受这些非法所得，还可以用来投资和进行再增值。其发展速度及恶劣影响，已远远超过了传统的洗钱犯罪。其洗钱形式主要包括以下几种：

（1）先捞钱，后洗钱。公职人员大量贪污受贿后，辞职下海办公司或炒股，用新身份来解释他不正常的暴富。

（2）边捞钱，边洗钱。即搞"一家两制"，自己在台上利用权力捞钱，父母、老婆、孩子利用"下海"身份掩盖黑钱来源。

（3）连捞钱带洗钱。即政府官员或国企老总创办私人企业、代理人企业（企

---

①邵沙平.跨国洗钱的法律控制[M].武汉：武汉大学出版社，1998：4.

业表面上是别人的，但大权由自己控制），既可通过经济往来把黑钱转移到这些企业账户上，又可通过正常的纳税经营再赚一笔。

（4）跨国洗钱。即利用国内外市场日益紧密的联系，设法把黑钱转移出去，或者在境外收取赃款并洗"清"。虽然国内腐败分子在国际洗钱活动中还未形成规模，但占有的比重越来越大。

第四节　洗钱犯罪的成因分析

众所周知，洗钱是在已经实施犯罪行为并获取赃款的前提下从事的非法活动。既然犯罪分子已经取得赃款为何还要洗钱呢？道理不言而喻。笔者认为犯罪分子洗钱的原因可以从主观和客观两个方面来分析。但不管是哪个方面，洗钱绝不是某个单一原因导致的，而是众多主观和客观原因共同作用产生的。接下来笔者将从主观和客观两个方面分别探讨洗钱犯罪形成的原因。

一、主观成因

（一）利欲是犯罪分子洗钱的原动力

在当今社会中，贩毒、走私、黑社会性质的组织犯罪十分猖獗，他们通过上述犯罪行为聚集了大量的非法收入。但由于各国政府严格的金融和税务制度，犯罪集团的非法收入难以被挥霍、转移，也不能在经济领域中正常流通，这就出现了犯罪分子想方设法将非法收入合法化问题，洗钱就成为一种必然的犯罪现象。亟须资金的金融机构，受本部门、本行业及个人利益的驱使，往往不惜铤而走险，违规操作，将犯罪分子的非法资金融入银行的合法资金中，使之合法化。

在这一过程中金融机构受巨额资金的利诱，其工作人员往往出于个人经济上的需求，违背职责接受贿赂。对于犯罪分子来说，一则非法财产的合法化本身就是一种利益的获取，二则他们又可以将清洗后的钱重新投入合法或基本合法的经济活动中进行"再投资",从而获取更多的财富,故有人将洗钱称为维持犯罪的"生命线"。

为了让这条"生命线"得以延续,他们总是千方百计地拉拢、腐蚀官员,对之施以恩惠,让他们在利欲的驱动下不惜一切帮助自己洗钱,包庇罪犯,阻挠司法工作人员正常办案,为洗钱得逞创造各种方便。正如有的学者指出:"犯罪分子从事经济犯罪的考虑之一就是他能够预见到可以使用其非法所得;如果犯罪行为人认识到黑钱的使用或者清洗困难重重,银行或有关当局会格外注意,那么他犯罪的原动力就会少得多。"

(二)为了掩饰、隐瞒犯罪行为

我国《刑法》规定的洗钱犯罪的上游犯罪共有七种,犯罪分子洗钱的目的之一就是要掩饰或隐瞒其所犯的上游犯罪。侦查机关在打击上游犯罪时,常常能通过赃款发现上游犯罪的蛛丝马迹,从而破获上游犯罪案件,所以犯罪分子在获得赃款后就想通过对赃款的清洗,使侦查机关不太容易通过赃款追查到上游犯罪的线索,以达到最终掩饰、隐藏上游犯罪的目的。

(三)使上游犯罪所得赃款合法化,进而可以任意使用

犯罪分子之所以会清洗赃款,其最终目的还在于能够享受犯罪所带来的利益。赃款的不能见光性,使犯罪分子在使用赃款时得格外小心,这就加大了犯罪分子的犯罪风险,提高了犯罪成本。犯罪分子为了能任意使用犯罪所得赃款,自然就会想给赃款披上一件合法的外衣,这就迫使犯罪分子想方设法通过各种方法清洗赃款,以便自己能够堂而皇之地挥霍赃款。

二、客观成因

(一)国家经济、金融管理制度比较薄弱

从洗钱的行为方式可知,洗钱渠道众多,但金融行业一直被看作犯罪分子洗钱的一块乐土。尤其是随着金融业的发展,金融电子化使洗钱也越来越方便。因

此，金融业对反洗钱的态度对洗钱犯罪活动有着至关重要的影响，金融机构如果不重视反洗钱工作，没有提高辨别洗钱犯罪的能力，就必然使犯罪分子利用金融业的薄弱环节达到洗钱的目的，甚至成为洗钱者的合作人。例如，在皮诺切特逃税、洗钱丑闻里，美国里格斯特银行就曾费尽心机隐瞒皮诺切特这位"第一客户"的真实身份，并帮助其洗钱活动顺利进行①。

在全球经济一体化的过程中，发达国家在这方面积累了丰富的反洗钱经验，许多洗钱活动很难在其金融机构进行，我国的金融管理制度与发达国家相比，可以说正处于起步阶段。我国目前金融体制并不完善，监管不够有力，承受风险能力十分薄弱，因而逐渐成为洗钱犯罪瞄准的目标，甚至成为洗钱犯罪的直接诱因。他们常利用金融监管上的漏洞或者金融运行中的某个环节来进行洗钱。例如，利用信用证国际结算工具，通过伪造贸易单据来跨境转移贩毒收入。一般情况下监管机构很难发现其真实情况，将非法所得混入正常的经营收入之中，是一种非常隐蔽的洗钱方式。涉及以国际贸易为基础的洗钱资金往往会利用银行所提供的各种国际贸易结算方式进行洗钱，如汇款、信用证和托收等。洗钱分子利用向银行递交表面上真实及合规的相关贸易单证，从而达到其洗钱的目的。因此，当务之急就是在各级人民银行内部，自下而上建立完善的反洗钱组织机构，并且完善相关经济制度。

（二）社会转型给洗钱犯罪提供了发展空间

自从十一届三中全会开始实行经济体制改革和对外开放后，我国从自然经济、计划经济逐渐走向市场经济，从传统农业社会逐渐走向现代工业社会，随后进行的农村经济体制改革、国有企业改革和引进外资、引进国外先进的管理技术等一系列举措，更是加快了我国社会转型的步伐。正是在这种社会新旧体制转换的过程中，利益失衡、规则冲突、法律缺位、价值观念扭曲以及人们心理承受能力降低等现象不断涌现，导致刑事案件不断增加。在社会转型期间，人们在文化、心理各个方面都受到外来的冲击，种种因素使犯罪率不可避免地有所上升。

---

①汪澄清.反洗钱在行动[M].北京：民主与建设出版社，2007：207.

正如美国哈佛大学教授亨廷顿所言："现代化孕育着稳定，而现代化进程却滋生着动乱。"[①]

改革开放以前，由于我国经济发展缓慢，对外交流合作很少，走私、贩毒、黑社会性质的组织犯罪很少甚至没有发生过，故洗钱犯罪没有滋生的土壤。改革开放以后，国家经济迅速发展，走私、贩毒等犯罪现象呈不断上升的趋势且日益国际化。一方面，由于经济迅速发展而相关的政策或制度不配套所带来的经济发展过程中的某种无序现象的存在，使境内犯罪分子或犯罪集团将犯罪资金转移到境外进行清洗，然后再回到境内进行合法投资的现象日趋严重。另一方面，由于我国政府加大改革开放的力度，国际金融机构间的交流不断增多，境外的犯罪组织和洗钱组织也利用金融机构进行洗钱。许多境外身份不明的金融机构，主动提出与国内金融机构开展业务活动，开具的交易条件十分优厚，有的甚至明目张胆地提出洗钱目的，国内有些金融机构为了部门利益，不严格依法对开户申请人进行审查，通过账户对客户资金进行处理，也不查明资金的真实来源或用途，为犯罪分子洗钱提供了机会。同时，由于洗钱犯罪的上游犯罪，如毒品犯罪、走私犯罪、黑社会性质的组织犯罪均属跨国、跨地区的有组织犯罪，其犯罪收益和资金往往分散在不同的国家和地区。犯罪分子往往利用不同国家的金融机构将资金清洗后聚集起来进行投资。

（三）相关法律和行政法规不健全

首先，尽管我国已经颁布了《反洗钱法》以及详细的司法解释，但随着金融业的不断发展，原有的法律和行政法规已经不能适应现实的需要，而新的法律、法规尚未及时而有效地出台，造成金融业务监管无法可依的局面，出现法律空白或者模糊地带。

其次，《反洗钱法》的条文过于简略，反洗钱行政主管部门不得不援用部委规章和规范性文件的形式进行弥补。反洗钱违法行为的种类复杂多样，《反洗钱

[①]塞缪尔·P.亨廷顿.变化社会中的政治秩序[M].王冠华，刘为，等译.北京：生活·读书·新知三联书店，1988：44.

法》规定的处罚措施所针对的违法行为过少，而部门规章的处罚权限层级明显不够。

最后，依据《反洗钱法》第三十二条的规定，对单一违反反洗钱义务行为的处罚金额最高只有500万元，这与金融机构违反反洗钱义务所获取的收益严重不匹配。以上这些因素都在客观上促使了洗钱活动的产生。

（四）洗钱犯罪侦查效率低

首先，洗钱犯罪具有严密的组织性、较强的专业性和技术性。加之我国在洗钱侦查方面经验并不多，并且目前我国反洗钱犯罪主要由公安机关经侦部门组织开展，还没有设立专门的反洗钱侦查部门，因此，洗钱犯罪侦查效率低。随着洗钱犯罪的日益严重，洗钱手段日新月异，打击洗钱犯罪将会越来越重要，因此为了更好地打击洗钱犯罪，我们建议在公安、海关等部门建立专职的反洗钱专业侦查部门。

其次，洗钱方式的不断变化，也使公安部门不能及时破获案件。现代的洗钱方式日益复杂化，一些洗钱活动，特别是国际洗钱犯罪活动，可能同时包括多种洗钱途径，利用多种洗钱方式，他们将传统的洗钱方式和现代洗钱方式、现实的洗钱工具和虚拟的洗钱工具相结合进行洗钱。目前，国际洗钱犯罪活动常包含单个或多个复杂的过程和步骤，每个复杂的洗钱活动都可能包含多种洗钱方式。犯罪分子利用的洗钱掩体也越来越复杂，如不断利用期货、股票等金融产品进行洗钱，这都使侦查工作困难重重。

最后，不少具有专业知识的犯罪嫌疑人已经具有了反侦查意识，这给公安机关侦查洗钱案件带来了更大的难度。由于侦查效率低下，不少洗钱分子逃脱了法律的制裁，使犯罪分子更加猖獗地进行洗钱活动。

（五）对洗钱罪的上游犯罪打击不力

对洗钱罪的上游犯罪打击不力是洗钱犯罪猖獗的重要原因。近些年来，我国的毒品犯罪、走私犯罪泛滥成灾，黑社会性质的犯罪也呈不断上升的趋势，国际上的有组织犯罪、跨国性犯罪也十分猖獗。国际、国内犯罪分子勾结在一起，凭借其资金、犯罪工具、技术优势，屡屡逃遁于法网之外。由于司法机关的经费、警力不足，某些司法工作人员的素质不高，装备落后，难以防范上述犯罪，使某些走私、贩毒分子逃脱了法律制裁。正是这些"漏网之鱼"将其犯罪所得通过金融机构进行清洗，才得以产生洗钱犯罪。从一定程度上说，司法打击不力是洗钱犯罪不断蔓延的"源泉"。

第四章　洗钱犯罪的主要方式

第一节　利用金融系统洗钱

因为银行和其他金融机构是国际资金流转的主要渠道，所以犯罪分子想方设法利用金融机构来隐瞒自己的犯罪收益。我国有关反洗钱的措施，不仅应适用于银行，也应适用于非银行的金融机构，并尽可能适用于在其业务中接受大量现金的组织。笔者认为，政府应采取措施确保有关反洗钱的规定在一个尽可能宽的范围内履行。一些国家所确立的反洗钱措施只与银行系统有关，而洗钱者除了利用银行，还利用各种形式的公司以及信托活动去清洗犯罪收益，因此，必须拓宽反洗钱措施的适用范围，才能有效打击洗钱犯罪。具体来讲，常见的金融系统洗钱可从以下几个方面进行分析。

一、利用银行业洗钱

长期以来，银行业金融机构一直是犯罪分子首选的洗钱通道，洗钱者想尽办法使黑钱进入商业银行的账户，然后再用各种方法使黑钱在全国乃至世界各地银行的账户上进进出出，使黑钱所有不合法的痕迹都被一系列的转账和交易洗刷得干干净净，最后变成合法收入。

（一）利用银行票据业务进行洗钱

银行票据包括支票、汇票和本票等，具有方便、快捷和信誉高等特点。随着票据业务的不断发展，银行票据大大加快了交易双方的资金结算速度，但票据业务流程中的漏洞也给洗钱分子提供了机会。例如，洗钱者首先将犯罪收益作为保证金存入银行，并用其购买银行票据，该银行票据再经过转让、贴现等一系列过程，最终作为形式上的合法收入回到洗钱者手中。有时犯罪者通过伪造发票等财务票据证明交易的存在，以隐瞒或掩饰商业运作的犯罪性质，如伪造商品交易合同、增值税发票复印件，利用高科技手段克隆假汇票或者变造假汇票，再通过"做生意"的幌子使不法交易收益进入金融流通领域转为合法化。除此之外，更有洗钱者利用银行进账单填写不规范掩盖资金性质，个别企业付款时，仅在银行进账单上填写自己的收款账号，而付款人名称、账号、票据种类、票据号码等信息一律不填，这样在账面上就掩盖了资金的来源，也为查证设置了障碍，最终达到洗钱的目的。

（二）利用银行现金业务和ATM进行洗钱

犯罪收入通常是现金，为了将这些现金注入金融系统，洗钱分子用了很多方法，例如直接将现金存入银行账户（通常通过机构和ATM交易）；买入一定类型的物业、运输工具、珠宝、电器等，将非法和合法的资金混在一起存入银行账户等。利用频繁的现金交易业务，将非法收入混入正常营业收入，是洗钱分子常用的一种洗钱手段。尤其是ATM交易，只需要输入密码就可以完成资金划转，缺乏身份识别过程，从复杂、数据量巨大的可疑交易报告里分析监测出可疑交易资金流向的线索非常困难。ATM机当日仅支持2万元以内的现金支取，转账仅支持5万元以内的款项划转。每笔业务不能达到《金融机构大额交易和可疑交易报告管理办法》中规定的大额交易的监测范围。通过ATM机办理业务，以化整为零的方式提取现金，分散转入、分散转出，以逃避大额交易报告制度的监管。

（三）利用网上银行业务进行洗钱

网上银行业务是指可以24小时在任何地方通过与国际互联网连接的电脑进入网上银行的网站办理银行提供的各项业务的一种金融服务，因此网上银行又被称为虚拟银行。网上银行不仅可以办理传统银行能够提供的大多数服务，还具有传统银行不能实现的快捷性和便利性，因此成为洗钱分子乐于选择的渠道之一。

首先，与传统的签名盖章不同，网上银行无须客户与银行人员面对面接触，只需要通过互联网即可完成操作。网上银行主要是通过对密钥、证书、数字签名等电子方式来认证交易双方身份，只认"证"而不认人。无论客户实际上是否将电子证书或密码提供给他人使用，在该电子证书或密码下所进行的一切交易操作均被视为客户本人所做的正常操作，而主机只能查证交易各方的身份及支付方的存款余额，不能审查支付方资金的来源及性质。

其次，网上银行突破了现实世界的时空限制，把银行金融服务延伸到世界的每个角落。客户可以在世界任何地方登录自己的账户，并在全球任何地方迅速地转移资金，或者通过信用卡、自动提款机来完成电子货币与现金的互换，非常便利。同时，各种在线支付方式以及便利的网上订货系统，又使不法分子更方便改变资金流向，掩饰资金的非法来源。这也给反洗钱监管部门相关调查与核查工作带来阻碍。

最后，由于难以确定真正进行网上银行交易的人员和地点，进而难以确定司法管辖归属，也就难以确定应由哪个地方的侦查部门开展调查，并寻找与之相关的书面证据。网络诈骗获得的非法收入可以通过网上银行快捷地进行跨国划转，最终回到国内。这是一种比较新型的洗钱手段，目前中国的洗钱分子已经开始大量使用网银业务进行洗钱。例如，商业银行利用网上银行"个性化"服务为客户提供全方位服务的同时，可能存在洗钱的风险。如某银行网上银行业务的个人托管账户服务，涵盖了网银各大服务功能（支付交易、转账、投资理财等），建立托管关系只需要由授权人通过柜面办理，管理人可最多对9个授权过的个人账户进行托管。银行在为客户提供托管账户服务时，只对客户有效身份证件进行核对，签订授权协议书，并未对账户控制人与被托管账户人之间的关系进行深入了解，这就为利用网上洗钱的不法分子提供了便利渠道。

（四）利用银行卡进行洗钱

银行卡在具有促进消费、减少现金流通及降低交易成本等优点的同时，也拥有非面对面交易、方便和快捷等特点，因而洗钱分子往往利用这些特点实施洗钱。常见的洗钱方式如下：

（1）洗钱分子利用自己及亲属身份证件，借用他人身份证件或伪造身份证件申请开立多张银行卡，利用转账结算，在不同银行卡账户间反复转账，模糊犯罪收入来源，掩盖犯罪收入去向，从而达到隐藏和转移犯罪收入的目的。

（2）混入公司收入，隐瞒资金真实性质和来源。洗钱分子通过开立合法的公司、企业、商店或伪造营业执照等一系列证件，在银行开立公司银行卡账户，将犯罪收益混入公司正常收益之中，"黑钱"的真实来源和性质就这样被成功隐瞒、掩饰。

（3）洗钱分子利用银行卡获得贷款，然后用犯罪收入归还贷款，实现洗钱。

（4）洗钱分子利用自助银行设备非面对面办理业务，而银行难以及时追查客户身份和资金来源的特性，利用银行卡到不同银行不同网点的自助设备随意存入其非法收入，达到洗钱的目的。

（五）利用国际结算工具洗钱

将非法所得混入正常的经营收入之中是一种非常隐蔽的洗钱方式。涉及以国家贸易为基础的洗钱资金，洗钱分子往往会利用银行所提供的各种国际贸易结算方式进行洗钱，如汇款、信用证和托收等。洗钱分子利用向银行递交表面上真实及合规的相关贸易单证，从而达到洗钱的目的。美国金融犯罪执法网络介绍，有关当局近年侦破的跨境洗钱案件中，90%以上都是通过银行体系将信用证等结算工具与银行电子化服务相结合而完成洗钱的。洗钱分子已经学会充分利用现代科技手段和金融工具实施洗钱。例如，美国某贩毒分子布莱恩为了成功转移其在西欧的毒品销售收入，掩盖其资金来源，首先通过中介机构购买了一家经营项目为进口地毯的西欧贸易公司，然后以贸易公司名义要求银行为其开立一份进口信用证，用于购买20卷地毯，开证金额为4万美元，付款条款为"装运日后的三周付款"。银行在收到开证保证金后为其开立信用证。20天后，银行收到布莱恩伪造的全套单据，在付款到期日按单证金额对外付款。当布莱恩准备再次开立一笔金额为62.5万美元的信用证时，被发现从事毒品走私而被捕。可见，利用信用证国际结算工具，通过伪造贸易单据来跨境转移毒贩收入，一般情况下监管机构是很难发现其真实情况的。

（六）利用离岸银行业务进行洗钱

离岸银行业务是服务于非居民的一种金融活动。银行的服务对象为境外的自然人、法人、政府机构、国际组织及其他经济组织，包括本国金融机构的海外分支机构。离岸银行业务具有高度的保密性、自由性和外汇管制宽松等特点，极易被洗钱分子利用。

首先，开户标准难以统一。由于各国、各地区对注册成立公司的条件、规定不一样，有的地区门槛低，公司存续成本低，有的地区要求严格，商业银行无法拟定一个统一的开户标准。如中国港澳地区的离岸公司和BVI、百慕大群岛等地区的离岸公司注册资料不一致，商业银行只能规定原则性条款，如"证明企业真实性"文件，真实性材料的审核者是各商业银行柜面人员，由于存在主观因素，与经办人员的工作经验、业务素质等密切相关，执行过程中不可避免地会存在差异。

其次，身份识别难度较大。了解客户是银行为客户开户的第一个步骤，也是预防洗钱的第一道防线。对于国内开户企业而言，银行可以通过国家工商管理局核实具体股东情况，或者客户经理实地走访，了解企业实际经营情况，但对离岸客户的真实性审核存在一定的难度。因为在目前造假技术日益高超的今天，银行工作人员难以辨别离岸客户提交的开户资料原件的真实性，且银行不可能对每个离岸客户进行实地走访，了解实际经营情况，这就给离岸公司以可乘之机。

最后，客户素质良莠不齐。有的国家和地区注册成立公司门槛低，注册手续方面非常简单，不需要法定代表人亲自到场，由专业的注册代理机构代为完成，因此，为那些没有业务背景的单纯利用空壳公司来进行洗钱活动的人提供了便利。大部分离岸公司注册资本少，有的甚至仅有1美元，离岸公司体现为小型或私人贸易公司，没有详细完整的内控制度，管理不规范，有的办公地点也是流动的，无法掌握公司真正业务范围，部分公司可能根本没有真正的业务，只是作为资金跨境流动的中转站，用于收款、付款，这类公司本属于风险等级高的客户，洗钱可能性较大。虽然很多国家都试图对离岸银行业务进行更加严格的管制，但由于在信息交流等方面尚未建立有效的全球化国际合作机制，对免税港和离岸金融中心这些并存的经济体难以采取合适的监管对策。实际上，监管当局及金融机构本身都很难对离岸业务实施有效的反洗钱监管。

（七）利用银行贷款业务进行洗钱

银行发放贷款时，通常要求贷款人必须信用良好，有偿还本息的能力。对公司客户，银行比较关心其财务报表，分析其营利能力和偿债能力。但是为了洗钱，公司往往会编制虚假的财务报表，制造虚假业绩。对个人客户，银行一般只审核贷款人单位开出的收入证明和相关信用证明，而个人也可以伪造收入证明。如果银行对贷款资料审核不严，加上同行业竞争和自身业绩的巨大压力，洗钱分子便有了可乘之机。如贪污分子向银行转入资金后开立定期存单，并利用银行贷款审批漏洞达到洗钱的目的。如果银行执行严格的客户身份识别标准，就可以发现此类洗钱行为。

（八）利用银行电汇业务进行洗钱

电汇业务在现代银行是一项非常传统的划转资金的业务，是指客户通过电子手段将资金从一家金融机构转移到另一家金融机构的金融交易。付款人和收款人可以是同一人。由于全球性的电子支付网络的快速发展，电汇业务既可以发生在一国之内的金融机构之间，也可以发生在跨国金融机构之间，还可以发生在金融机构与非金融机构之间，如非正式价值转移系统或货币现钞的运输问题。电汇业务是一种能将资金快捷、安全地从一个地方划转到另一个地方的方法。

二、利用证券业洗钱

在证券领域有三类常见的洗钱活动：一是资金在进入证券领域时的性质已经是犯罪收益，通过一系列的洗钱手法，转为貌似合法的资金；二是资金在进入证券领域时的性质是合法的，但通过交易市场的一系列违法犯罪操作（如内幕交易、操纵市场等），形成违法犯罪收益，然后通过证券账户或银行账户转移犯罪收益，对其进行清洗；三是在证券市场通过非交易方式进行利益输送，完成行贿受贿等违法犯罪行为后，将犯罪资金转移至银行账户。这三类洗钱活动的手法不完全相同，应区别对待。有时上述三类洗钱方式会相互交织，错综复杂。下面分析几类常见的洗钱手法。

（一）分散资金投入，集中转入账户

不法分子分笔将非法资金存入或转入资金账户，规避反洗钱法律对大额及可疑交易报告规定，然后将资金账户资金转入证券账户，进行证券买卖，待资金规模积累到一定程度，一次性转出证券账户，达到清洗非法资金的目的。此种手法虽然耗时相对较长，但由于可以有效规避反洗钱法律关于大额及可疑交易报告规定，较为隐蔽。随着网上交易的日益兴盛，此种洗钱手法的效率也在不断提高。

（二）办理证券转托管，隐瞒资金来源和性质

通过转托管的方式转移非法资产，即将手中不法资金换成股票等有价证券，再通过转托管把有价证券转移到其他证券营业部，再卖出股票，提取现金。经过多次买卖交易、多次转托管，以混淆非法资金的来源，加大监测难度，达到洗钱的目的。在各证券商尚未实现信息共享的情况下，不法分子通过将托管在某一证券商的深交所上市证券转到另一家证券商处托管，利用接受转托管证券商不熟悉该账户原来情况的信息盲点，隐瞒资金来源、性质。同时，转托管既可以是一只股票或多只股票，也可以是一只证券的部分或全部，利用此规定进行多次操作可以进一步隐瞒资金的来源和性质。

（三）利用证券发行市场

一是洗钱分子通过自行设立公司或以战略投资者名义购买公司原始股权等方式，在公司上市前将非法资金投入目标企业成为原始股东，公司公开上市一定时间后，通过二级市场退出，完成资金清洗。二是洗钱分子在上市公司并购重组过程中寻找机会，将非法资金用于收购兼并上市公司，在收购完成及股份锁定期结束后，通过二级市场退出。三是洗钱分子通过认购上市公司定向发行股份成为其股东，当其股份上市流通后，通过二级市场退出。四是掌握内幕消息或未公开消息的人士以他人名义突击入股拟上市公司，在公司上市后抛售股票，进行利益输送。

（四）利用多银行存管模式洗钱

2011年2月，中国证券业协会下发《关于规范证券公司客户资金第三方存管单客户多银行服务的通知》（中证协发〔2011〕19号），根据该规定客户可以同时指定五家银行为存管银行，客户的保证金可通过证券公司客户端在各银行间进行自由划转。多银行存管模式下，投资者单个证券账户可以绑定多个银行账户。洗钱分子可能通过在不同银行间的资金划转，将不法资金分别从几家存管银行转到保证金账户，象征性进行几笔证券交易后再将资金转到另一个银行账户并将资金取出。由于证券公司日间业务结束后统一与各存管银行进行资金清算，单一银行无法对客户资金交易的全过程进行监控，导致银行无法完整跟踪并反映资金的流转轨迹，为洗钱分子提供了可乘之机。

（五）利用并购重组在证券市场洗钱

并购重组是指两个以上公司合并、组建新公司或相互参股。它往往同广义的兼并和收购是同一意义，泛指在市场机制作用下，企业为了获得其他企业的控制权而进行的产权交易活动。那如何利用并购重组进行洗钱呢？例如，A官员大量受贿，为把受贿资金转化成合法收入，A注册了一家公司B，然后将贿赂款项逐步注入B公司，同时在市场上寻找到C上市企业进行重组。A官员把B公司的股份与C上市企业的股份进行置换，形成互相参股公司，顺利地将B公司的资产转入C上市企业。重组成功后，A官员正式成为C上市企业的实际控制人，通过在二级市场卖出股票，将受贿资金转化为投资收益，最后达到洗钱的目的。

三、利用保险业洗钱

保险洗钱是指以商业保险这一金融服务为载体，利用保险市场及保险中介市场的渠道，将非法所得及其产生的收益通过投保、理赔、变更、退保等方式隐匿、掩盖其来源、性质及流向，以逃避法律制裁的行为。

（一）通过团险个做洗钱

团险个做是指犯罪分子以单位的名义虚列被保险人名单，购买团体保险。因团体保险本身金额较大，相比个人大额保单具有更隐蔽的特性。犯罪分子在合同生效后申请退保，要求保险公司把退保金划入其指定账户，完成洗钱过程。例如，北京某百货公司保险合同纠纷案，该公司法定代理人在被解除职务前，利用公司资金为自己及属下 31 名心腹员工购买团体养老保险，不久后退保，由保险公司将保费直接退回 31 名被保险人的个人账户内。单位负责人利用职务之便，以单位作为投保人，用公共资金为本单位高管人员或员工购买团体保险，再借助长险短做、趸缴即领、团险个做等违规手段，由被保险人个人退保，套取现金，或转存入个人账号，从而达到"化公为私"或私吞公款的目的。

（二）通过长险短做洗钱

保险洗钱中最常见的是利用长期寿险长险短做，即洗钱者一般用大额现金趸缴保费，或在短期内完成期缴，或初始选择期缴，不久即要求冲缴后续保费。投保者会在短期内使保单的现价值达到很高的水平，然后要求退保或质押贷款并听任保单被注销。此外，长险短做也可变形为趸缴即领，即洗钱者为即将退休的人投保，或将被保险人的年龄"误告"为接近退休的年龄，以趸缴保费的方式购买养老保险或即期年金。

（三）通过地下保单洗钱

地下保单是指部分注册地不在我国，未经我国相关部门批准而非法入境，以人民币投保和外币理赔的形式开展的保险业务。犯罪分子通过投保地下保单，可以直接通过境内账户和境外账户的资金对冲，达到黑钱出境的目的。地下保险机构为了获取保费则不会识别投保资金来源，为犯罪分子洗钱提供了便利条件。

（四）通过保险欺诈洗钱

洗钱分子通过虚构保险标的、编造保险事故获得理赔的方式进行洗钱，黑钱以缴纳保费的形式进入保险公司，通过赔款这一合法形式流出。例如，洗钱分子为一艘虚构的远洋货轮购买了海上财产及意外险，并用较高的费率诱使保险公司同意承保，用大笔黑钱支付了保费。在保险期限内，洗钱分子多次编造保险事故申请索赔，且非常小心地确保索赔额低于保费，从而使保险公司能够从该保单获得合理的利润。通过这种途径，洗钱分子将黑钱转化为理赔金支票，表面上看就是从一家信誉良好的保险公司获得的赔款，很少人会对来源于保险公司的支票或电汇的款项有什么疑问。除此之外，洗钱分子还可以用黑钱购买奢侈品，如高档车辆、珠宝等，并向保险公司投保然后故意制造或编造保险事故要求理赔；也可以虚构保险标的进行投保，通过与有关人员合谋进行保险欺诈。因保险业缺乏信息共享平台，单个保险公司很难了解投保人的真实财务状况，在判断理赔申请的真实性方面也存在一定的困难。在信息不对称的情况下，通过故意制造保险索赔案件，洗钱分子可名正言顺地获得巨额赔偿以达到洗钱的目的。以财产保险中占比最大的险种车险为例，多位业内人士估计，目前在理赔中的水分至少是20%~30%，其中多数是保险欺诈引起的。可见保险欺诈既妨碍了保险行业的健康发展，也为洗钱分子提供了洗钱渠道。

四、利用信托业洗钱

《海牙信托公约》规定："当财产为了受益人的利益或为了特定目的而置于受托人的控制之下时，信托是指委托人设定的在其生前或死后发生效力的法律管理。"《中华人民共和国信托法》第二条规定："本法所称信托，是指委托人基于对受托人的信任，将其财产权委托给受托人，由受托人按委托人的意愿以自己的名义，为受益人的利益或者特定目的，进行管理或者处分的行为。"由此可见，信托并不是一个法律实体，而是表现为包括委托人、受托人和受益人在内的信托法律主体之间的法律关系。其中，最易诱发洗钱风险的主要有以下几个环节：

（一）信托财产交付环节

信托财产交付环节是指委托人将财产交付受托人的过程。在该环节中可能出现通过他人支付财产的情形，如客户甲签订资金信托合同，并指定自己为受益人，但却由乙的账户交付信托资金，或者乙先转账给甲后再以甲的名义交付资金，从而达到经过信托将乙的非法所得表面合法地转移到甲的目的。

（二）指定受益人环节

不法分子为达到清洗黑钱的目的，往往会通过确定他人为受益人环节，实现财产表面合法化的转移。一种方式是签订信托合同时，直接指定信托受益人为他人。如不法分子设立空壳公司，并将该公司通过信托合同交由信托公司管理，同时指定自己为受益人，然后将存于其他账户上的犯罪收益汇入该公司的账户中，再以受益人的身份收取这份信托收益，使犯罪所得合法化。另一种方式是信托关系成立后，申请受益权转让，从而实现信托财产表面合法化的转移。例如，为了清洗贩毒收入，贩毒分子张某在某离岸金融中心注册成立了一家名为A投资的空壳公司，并将其通过走私毒品所获得的犯罪所得转移至该公司。为了掩人耳目，张某增设了一道屏障，以该公司自身名义为非法资金设立了一个信托。信托契约中没有载明受益人，仅约定了受益人由委托人即A投资公司随时以口头或者书面方式进行指定或者变更。信托设立以后，张某可以随意指定受益人，从而达到洗钱的目的。

（三）信托持股环节

A利用诈骗所得设立了一个信托，信托财产运用范围限定为委托人指定的股权投资。信托设定后，A指示受托人利用信托资金购入一家高科技公司的股权，该高科技公司随后在某国创业板上市，股权锁定期满后，A将股权出售套现。A通过信托持有公司股权，既掩饰了股权投资的资金来源，又取得了资本利得的收益。

通过将信托与公司并购业务相结合，借助股票市场套现，掩盖资金的真实来源，这是目前比较流行的洗钱手段之一。

第二节　利用非金融机构洗钱

随着我国经济的发展，社会对外开放规模不断扩大，洗钱犯罪率也逐年上升。近几年来，随着洗钱犯罪率的上升，反洗钱监管也得到了强化，所以犯罪分子通过金融机构进行洗钱活动的成本也越来越高，因此，洗钱活动逐渐转向了特定的非金融领域内，包括拍卖行业、典当行业、房地产行业、贵金属行业等。原则上，特定非金融机构也在反洗钱义务主体范围内，但是，由于目前我国对特定非金融机构的反洗钱监管制度还不完善，导致我国反洗钱工作的开展受到阻碍。具体来讲，常见的非金融机构洗钱方式可从以下几个方面来进行分析。

一、利用第三方支付洗钱

第三方支付是指为了适应电子商务的快捷支付特征，以互联网技术为基础，通过第三方支付机构经营的网上支付平台为信用担保，在买卖双方之间设置中间过渡账户，实现资金从消费者到商家的安全转移。目前，中国人民银行已经发放了272张支付牌照，其中比较常见的支付机构有支付宝、银联、财付通等，随着十余年的快速发展，中国移动支付已经在全球名列前茅。由于第三方支付依托互联网电子商务平台，具有网络的开放性、便捷性与隐蔽性的特点，因而被一些不法分子利用，进行洗钱犯罪活动。2018年，深圳警方破获了一起电信网络诈骗案件，犯罪分子利用第三方支付手段在10天内完成洗钱700余万元。2018年5月，福建公安破获一起利用第三方支付平台洗钱的案件，冻结涉案资金580余万元，抓获涉案人员42人。目前，利用第三方支付机构洗钱的方法主要有以下几类。

（一）利用多账户转账洗钱

客户在第三方支付平台注册虚拟账户时，只需要简单地登记姓名、证件号码、联系方式等信息，第三方支付机构对客户提交信息的真实性疏于核对，匿名和虚假账户由此而来。《反洗钱法》中"客户身份识别"要求必须详细了解并记录客户姓名、性别、国籍、职业、住所地或者工作单位地址、联系方式、身份证件或者身份证明文件的种类、号码和有效期限等客户身份基本信息九要素，当以上要素发生变化或义务主体认为必要时，需要对客户身份进行重新识别和持续识别。通过互联网进行的交易，买卖双方个人信息的真实性无法得知，实名制下的今天，还是存在通过买卖或盗取账号等非法行为使用他人账号进行非法交易的情况。与此同时，犯罪分子还可以利用木马病毒、钓鱼网站等互联网技术盗取他人资料，注册第三方支付平台账户，有效掩饰自己的真实身份。这就意味着第三方支付平台上存在匿名账户和虚假账户，犯罪分子可利用多个匿名账户和虚假账户进行匿名交易，从而达到洗钱的目的。

（二）通过虚假交易洗钱

第三方支付平台属于非金融机构，在商品交易中起着中介作用。在第三方支付交易过程中，整个交易过程被分割成两个阶段，银行只能了解买家、卖家其中一方和第三方支付平台的交易关系，很难获知买家、卖家之间的交易因果关系以及交易真实性，导致了虚假交易的存在。国外机构曾对淘宝网的虚假交易进行抽样调查研究，结果显示有11000余家网店存在类似刷单的虚假交易现象。

我国现有的调查资料表明，国内的刷单（虚假交易）已经形成一条完整的产业链，大大小小的专业刷单公司有1000多家。以一个QQ群为载体的刷单团队为例，该团队利用QQ群召集广大网民，通过视频教学培训网民刷单，随后有商家在QQ群内发布商品信息，让网民以买家身份登录自己的淘宝账号进行刷单，刷单完成后商家会给予网民买家一定的佣金。佣金的激励作用，促使该刷单团队拥有了20多个刷单专用QQ群，每个QQ群刷单人数接近2000人，这意味着大约有4万人在为此团队做刷单活动。在这样的刷单模式中，洗钱犯罪分子可以冒充商家，在淘宝网开设虚拟网店，并通过QQ群向网民提供订单信息，网民根据商家提供的订单信息去选购其虚拟的、不存在的商品，在付款阶段，洗钱犯罪分子冒充商家通过多种方式完成商品交易。付款分为三种形式：（1）买家先垫付，完成交易后商家转账给买家；（2）商家利用QQ远程控制买家电脑，完成付款；（3）买家向商家申请支付宝代付。在此过程中，商家不需要发货，买家也会确认收货，真正的商品交易根本不存在，而洗钱犯罪分子的非法资产却与买家的合法资产发生了资金互换，这种以商品买卖作为合法外衣进行洗钱犯罪的行为，极具隐蔽性。

（三）成立空壳店铺洗钱

洗钱分子在电商平台开立空壳商铺进行虚拟商品售卖，比较常见的商品如游戏点卡、比特币、艺术品等。该类商铺往往交易数额巨大，但商品描述缺失或物流信息不相匹配，且交易量骤增骤减很不稳定。电商的隐蔽性，导致许多个人电商游离于税收管理之外，不进行注册登记甚至隐瞒具体收入，被查处的概率很低。例如，2013年美国破获了一起网络黑市案件，该案的主犯经营潜伏在地下网络世界的"丝绸之路"网站，它有一个电子商店，该店铺展示一块块的可卡因，就像亚马逊网站展示书籍一样。这是当时地下网络世界最大黑市，销售额高达12亿美元，有近100万名客户。除了销售毒品，该网站还制售假护照、假驾照等，以及提供一系列非法服务，如雇凶、造假和电脑黑客。客户用来进行商业交易的虚拟货币即为比特币。要想在诸如"丝绸之路"等网站上使用比特币，用户必须首先向自己在这些网站上开设的账户存入比特币。网站取款并合并比特币，然后向卖家付款。正是由于虚拟货币具有确定性、隐蔽性和便利性，因而成为洗钱的重要工具。

（四）利用跨境支付洗钱

第三方支付具有非面对面和跨境交易的性质。不同国别的客户身份证明文件不尽相同，而跨境交易又涉及多重环节，第三方支付平台没有有效的方法对客户身份加以识别。例如，2013年5月，位于哥斯达黎加的数字货币转账公司Liberty

Reserve的洗钱行为败露，涉及俄罗斯、中国、西班牙、美国等多个国家共45个非法账户。用户只需要向该公司支付小额的"隐私费"就可以利用其先进的交易系统选择"保密支付"进行交易，也能从该公司获取非法的被窃身份信息。洗钱犯罪分子可以方便地利用该支付机构来掩饰自己的真实身份，将毒品犯罪、网络诈骗所得的非法收益以在线电子货币的形式放入Liberty Reserve支付系统，随后通过指定的转账机构办理存取业务，由于Liberty Reserve的在线电子货币与美元挂钩且能够自由兑换，犯罪分子便能实现转账机构与Liberty Reserve账户之间的自由资金划转，非法收益以在线电子货币的形式通过Liberty Reserve存入转账公司，再从转账公司取出时，非法资金就被合法化了。

目前，常见的第三方跨境支付洗钱的犯罪手段是跨境汇兑洗钱。在跨境汇兑洗钱模式中，由于不同国家和地区客户身份证明文件的差异性与多样性，第三方支付平台获取境外客户真实信息存在一定困难，以致跨境交易因果关系得到有力的掩饰。

二、利用房地产行业洗钱

2021年，央行发布《中华人民共和国反洗钱法（修订草案公开征求意见稿）》（以下简称《意见稿》），将特定非金融机构等纳入调查范围，其中包括提供房屋销售、经纪服务的房地产开发企业或者房地产中介机构。这时有人会问，房地产领域怎么会涉及洗钱呢？其实，资金密集型行业一直是黑钱的最爱，客单价高的房地产自然不会旁落。反洗钱领域扩大到房地产，也将这个领域独特的交易面曝光。2019年有关机构就指出，通过购买房产来进行洗钱，在世界上各个国家都不罕见。他们曾经发布过这样一组数据，在全世界每年约有1.6万亿美元的黑钱流入房地产市场。

（一）通过成立房地产公司洗钱

如果资金数额巨大就找代理人（自己无法出面）注册成立房地产开发企业，直接投资房地产开发。虽然这些年每年都有几百家房地产开发商破产倒闭，但是赚钱的房地产开发商更多。在国内10万家房地产开发企业中，几百家只占很小的比例。他们的公司不需要做太大，也不需要排进国内前几名或省内前几名，只要保持正常运作即可。例如，A犯罪分子为了清洗其巨额犯罪收入，向当局申请注册成立B房地产公司后，将大量非法收入以注册资本金的名义存入公司银行账户。在房子销售开始后，从B公司账户分批次提取大量现金，并在购买大量货币产品后，再将该货币产品转移给与B公司无任何关联的第三方公司C，完成洗钱。

（二）与房地产企业合作进行洗钱

黑钱不进入房地产开发企业，而是通过与房地产开发企业合作，再把钱转移出去。比如，把钱先打入房地产开发商账户，然后再以代理人注册的公司身份，和房地产开发商签订各种劳务合同、工程承包合同等，把钱以建筑材料、装修工程、园林绿化、基建工程等名义，支付给黑钱所有者代理人的公司账户或者个人账户。当然，房地产开发商不可能白忙活，他们要收取一定的手续费。

（三）直接购买房子进行洗钱

还有一种是外行人看不懂的，明面上亏本的房产投资，也是洗钱常用的手法。即大量购买商铺、写字楼、SOHO和商品房等，因为量大、总价高，这类难卖的产品反而好谈价格，通常以五折六折买入。如商铺，房企每套标价400万元，但实际以200万元买入，一年后更名以190万元卖出，怎么看都是亏本的，但市面上漂白的成本可是25%~30%。一年后以190万元的价格更名卖出，相当于只用了5个点就把资金成功漂白，成本又低又安全。买的量又大，足够卖好几年，拉长时间长度，慢慢漂白。常见的有用几千万或上亿资金购买房企项目的售楼部、写字楼等，然后出租或整改做运营。这类就是典型的用非法资金获取合法租金收益的行为。甚至还会在买完房后，将毛坯房进行豪华装修，然后以高价售出，既能漂白更多的资金，又能赚取高收益，是典型的将非法资金用于装潢增值的行为。

三、利用贵金属和珠宝交易洗钱

通过贵金属和珠宝交易洗钱是指借助贵金属和珠宝交易活动，将犯罪所得及其收益进行资金转移或财产转换，掩饰、隐瞒非法资金的来源和性质，使其表面上合法化的行为。贵金属体积小、价值高等特点决定了贵金属极易被洗钱分子利用，成为洗钱的重要载体。有些商品本身具有货币性质，比如黄金，全球的黄金具有同质性，不论是哪种形状的黄金都可以用作国际交易，极强的变现能力、交易的简单性和便利性都有利于非法资金快速转换。另外，钻石在比利时、以色列、澳大利亚、美国、加拿大等国也可以被当作货币使用。此外，钻石、贵重金属交易往往涉及的资金量大，而且很多人喜欢以现金支付。资金不通过银行系统流转，交易痕迹容易隐藏，难以被监测到。常见的利用贵金属洗钱的方式如下。

（一）改变贵金属和珠宝外形以隐藏来源

通过抢劫、盗窃、欺诈等违法活动取得贵金属和珠宝，而后将其变现交易或者通过抛光、切割等方式改变贵金属和珠宝的外形，从而掩饰贵金属和珠宝的非法来源和性质。2008年3月，北京警方侦破刘某系列盗窃案，查明刘某于2003—2008年近5年间入室盗窃、抢劫100多起，将其取得的金银饰品全部拿到西城区一家金银饰品收购置换小门店出售。金银饰品小门店收购金银饰品出价高，且无任何查验手续，以现金交易为主，交易方式受到洗钱分子青睐，容易为犯罪分子销赃变现隐匿痕迹。

（二）通过买卖贵金属和珠宝进行洗钱

将犯罪所得的资金通过表面上合法购买贵金属和珠宝，再寻找机会将贵金属和珠宝变现，重新获得现金，即以贵金属和珠宝交易为媒介实现非法资金的转移和转换。例如，B国某骗税犯罪团伙为了清洗其骗税所得现金，将现钞偷运到黄金交易增值税较低的A国，通过分散或集中购买方式在A国黄金市场上购买黄金。然后将所购黄金通过走私运回B国，在黄金市场上销售，实现骗税收入合法化。

四、利用看门人洗钱

看门人在西方通常是指律师、公证人员、会计师、审计师、金融专家等。洗钱者看中他们，正是因为他们精通各自领域的专业知识。以律师行业为例，近年来，随着律师事务所和律师数量的迅速壮大，律师行业在我国蓬勃发展，然而由于其自身的业务特征和专业特点，容易被洗钱分子利用来清洗非法资金，行业受到的洗钱威胁较大，应尽快纳入反洗钱监管范围。通过律师行业洗钱是指借助律师提供的业务活动，将犯罪所得及其收益进行资金转移或财产转换、掩饰、隐瞒非法资金的来源和性质，使其形式上合法化的行为。《中华人民共和国律师法》第二十八条规定，我国律师可以从事的业务包括：接受委托担任法律顾问；代理各类诉讼案件；参加调解、仲裁活动；提供非诉讼法律服务；提供法律咨询、代写诉讼文书及其他法律文书。即律师业务主要分为诉讼类和非诉讼类。

（一）通过非诉讼业务洗钱

目前通过律师洗钱主要还是集中在非诉讼业务。律师的非诉讼法律服务非常广泛，涉及委托人经济活动的方方面面，比如帮助委托人创设、经营和管理公司，代理管理重要的资产（房产、股票、期货等）或者代理从事大额资产交易。律师可以从中构建多重法律关系，利用复杂错综的法律关系和资金交易，为非法资金转移转换提供便利，巧妙逃避反洗钱监管。从西方国家一些案例来看，比较常见的是律师协助委托人设立空壳公司，虚构贷款法律关系，通过空壳公司贷款来完成非法资金转移，达到洗钱目的。或者在企业的并购、破产活动中，律师利用专业知识，协助或参与洗钱分子借助并购、破产来洗钱，再或者通过协助制作一些虚假交易合同，利用虚假交易将黑钱转为合法营业收入等。

（二）通过诉讼业务洗钱

律师在代理诉讼业务过程中，也可能协助当事人通过虚构诉讼或者虚构律师费用，为黑钱洗白提供通道和途径。例如，为使资金、资产以"合法"方式从一方当事人向另一方转移，律师可以协助虚构一个诉讼，然后促成双方和解，以赔偿金支付的方式实现资金、资产转移，达到洗钱目的。或者洗钱分子A先通过家庭成员账户转账向律师支付费用，转账成功后，向律师提出改为以支票支付律师费用，并要求律师将先前转账支付的费用退还。律师应要求将一部分费用以支票形式返还给该洗钱分子A的家庭成员，剩余部分则汇入该洗钱分子A的寿险保单账户。随即该洗钱分子对该保单退保，并将退保金转入其家人账户，从而完成洗钱过程。

第三节　利用其他途径洗钱

一、现金走私

现金走私是指不遵守国家法律，运输或携带现金进出国境的行为。对于现金走私罪的定义，取决于一国法律对合法运输或携带现金进出国境的限额规定。由于一些国家设立财产申报制度以及金融机构管制严格，犯罪分子为了避开这些管制严格的国家，就将上游犯罪所得收益走私到避税或洗钱更为安全的国家，这是当今世界洗钱一种惯常的运作方式。由于现金走私不会留下任何交易记录，被查出的风险相对较低，一旦成功便可清洗走私货币的不法来源[1]。所以在洗钱犯罪严重的国家，有相当数量的黑钱是通过走私出境的方式转移到境外其他地区的。其方法多种多样，如可以通过各种交通工具，必要时铤而走险随身携带。在多数情况下，如果一国境内的金融机构管理严格，且打击洗钱犯罪的法律严谨有力，那么将黑钱转移走私至较易洗钱运作的其他国家，就成了犯罪分子的首选。通过现金走私可以实现非法收入的合法化，掩盖资金的真实来源和逃避监管当局的追查。主要包括以下途径：

---

[1] 许海英，魏建翔.打击洗钱犯罪，完善金融监管：中国洗钱问题及反洗钱对策分析[J].现代商贸工业，2008，20（7）：299-300.

（一）通过行李走私现金

将现金隐藏在随身携带或托运的行李中进行走私是一种比较简单的方法，但是风险较大。在机场或车站通过现代机器扫描检查，很容易被检查人员发现。因此这种方式仅适合少量现金走私。

（二）通过运输工具走私现金

同行李相比，使用交通运输工具走私现金更加隐蔽，也比较适合大量现金走私，是一种风险比较低的走私方式。大量现金可以被隐藏在交通工具中，如汽车、轮船及飞机等，但是需要司机或雇员的内部配合方可实行。实践经验告诉人们，定期轮班或航班最方便被犯罪分子用来实施现金走私，因为犯罪分子不但熟悉线路，也非常了解检查程序及检查方法，通过它们进行现金走私，风险很低。

（三）通过身体走私现金

使用身体的某些部位隐藏现金进行走私也是一种比较简单及普遍的走私方法，但是由于人的身体毕竟在空间及范围上非常有限，能够利用的地方太少，走私现金在量上非常有限，仅适合偶尔为之。除利用肠胃及隐私部位外，更多情况是将现金藏在随身穿戴的衣服或鞋子里进行走私。

（四）通过专业伪装走私现金

为了将现金携带出境，恐怖分子也经常采用伪装方式，将现金包装或伪装成普通物品，如香烟、书本、盒装的糕点、罐头等物品或食品进行走私，希望以此欺骗检查人员，达到走私现金的目的。

（五）利用专业组织转移现金

由于有利可图，社会上也有一些犯罪分子专门从事现金走私业务，从中获取不法利益。他们用于走私现金的方式及方法多种多样，有的使用地下隧道偷运现金，也有的靠雇佣大批无业游民，通过随身携带最高限额的现金频繁进出边境进行走私。

二、利用空壳公司洗钱

空壳公司也称被提名人公司，是指为匿名的公司所有权提供的一种公司结构，这种公司通常是被提名董事和持票人所享有的所有权结合的产物。尽管各国政府一直不断对空壳公司进行监控和打击，但其却像雨后春笋一般不停出现。空壳公司如同一些不法的皮包公司，只具备名义而不具备实际合法经营的权利。在世界各地，许多空壳公司都在进行着大宗的空头贸易以及转账业务，洗钱者首先将犯罪的收益以经营活动的名义存入该公司的银行账户，并通过这些金融机构的电子系统汇入纽约区可靠的银行里，随后转入南美或瑞士的银行；或者以公司名义直接将小额犯罪收益汇兑到国外的金融机构集中，从而达到洗钱的目的。

《中华人民共和国公司法》规定，空壳公司的法律界定涉及两种行为：出资不实和抽逃出资。出资不实的法律外延是股东在有限责任公司或股份有限公司的设立过程中，未能如数如期缴纳现金出资或转移实物、知识产权、土地使用权等非货币财产的产权，或者为设立公司出资的非货币财产的实际价额显著低于公司章程所定价额。抽逃出资是指公司成立后，股东通过将出资款项转入公司账户验资后又转出、通过虚构债权债务关系将其出资转出、制作虚假财务会计报表虚增利润进行分配、利用关联交易将出资转出及其他未经法定程序将出资抽回的行为。出资不实和抽逃出资的行为违反了公司制度中公司资本维持的原则，使公司空心化、空壳化，丧失经营所需的经济基础，损害交易对方、债权人、社会公众对公司的利益，并为股东实施逃债、诈骗等行为提供了条件和工具。如果一个公司身份信息存疑或者交易情况存疑，例如一人多企、一址多照、交叉任职；法人身份、联系方式异常；股东关联企业数量明显异常；发生大量公转私交易；账户交易与企业经营范围关联不强，无税费、工资等日常支出；账户存续期限短等，这时就要多注意该公司很有可能为空壳公司。

三、利用地下钱庄洗钱

地下钱庄是指未经国家金融管理部门批准，以营利为目的非法从事金融活动的组织。"地下"指见不得光、非法的，主要从事非法买卖外汇、非法借贷拆借、非法吸收公众存款、非法资金支付结算、非法高利转贷以及非法典当等非法金融业务。目前，地下钱庄已成为我国洗钱的主要场所，对国家金融管理秩序带来很大的影响。地下钱庄一般可分为存贷型地下钱庄和汇兑型地下钱庄。其中，汇兑型地下钱庄便是跨境洗钱的主要通道。地下钱庄的操作模式比较简单，就是设立国内、国外两个业务点，当客户需要把钱转移到境外时，就把犯罪所得转给国内业务点，钱庄的国外业务点直接计算汇率后将相应的赃款转到客户在国外指定的账户，行业黑话称为"对敲"。当客户需要把钱转移到境内时，就反过来操作。在这一模式下，通常地下钱庄会在国内、国外形成两个资金池，国内、国外不发生直接性的资金流动，实际相当于直接在地下钱庄兑换了外汇。无论通过何种手法交易，地下钱庄相关个人账户的可疑交易特征大部分表现为：一是资金集中进、分散出特征明显；二是资金调拨频繁，金额大且多为整数；三是现金收付需求量巨大；四是交易手段复杂多样，非面对面交易较多。

例如，2019年，圈钱无数的理财平台"金储宝"凭着"全透明、低风险""资金安全为首任，稳健发展为目标"等广告语非法吸收公众存款。这个理财平台因涉嫌集资诈骗案和非法吸收公众存款案被查办，累计查控涉案资金7713.29万元，冻结房产94处、股权30家。警方通过侦查发现，该平台还涉及一起地下钱庄案件，资金量超亿元。这起地下钱庄案中，警方已抓获犯罪嫌疑人8人，倒逼退赃400余万元，斩断一条跨越国境的地下钱庄犯罪通道。总之，地下钱庄游离于国家金融监管视线之外，其交易数量难以统计，使大量不明性质的跨境资金进入国内金融体系，这些不受监管、不受控制的资金一旦形成规模，势必会对金融市场的稳定造成冲击。

四、利用国际贸易洗钱

国际贸易洗钱是随国际贸易的发展而出现的一种新兴洗钱行为，其实质是通过虚构交易事实来实现对所转移财产的合法占有。国际贸易的主体多、交易环节复杂、时空跨度大、国内法与国际法（包括国际条约、公约、惯例等）有兼而适用等特性，加之联手打击跨国洗钱犯罪的国际司法援助制度不完善，注定了国际贸易对洗钱者有着巨大的诱惑力。更确切地说，国际贸易洗钱是指利用国际贸易活动来掩饰犯罪收益和转移价值以使其非法来源合法化的过程。在实际操作中，上述过程可以通过改变实际进出口价格、数量和质量来实现。同时，利用国际贸易洗钱的行为是一种具有相对独立性的犯罪行为，并随国际贸易的发展而不断走向全球化和专业化。甚至可以说，国际贸易发展到哪里，洗钱犯罪就蔓延到哪里。贸易洗钱比利用金融体系洗钱更便捷、更隐蔽，因而也更有诱惑力、更难防范。此外，传统基于金融业的反洗钱制度对遏止贸易洗钱行为的效果并不明显，相对于利用金融业洗钱来说，利用国际贸易洗钱显得更有机可乘。

（一）高估和低估商品及服务的价格

通过高估和低估商品及服务价格进行洗钱是一种最古老的跨境虚假价值转移的方法，在今天仍然很普遍。这种方法的关键在于对商品和服务的价格进行歪曲，达到进出口方之间转移额外价值的目的。通过将商品和服务的价格定在合理市价以下，出口方可以将价值转移给进口方，因为商品和服务的实际购买支出小于在公开市场上获得相同商品和服务的应得金额。相反，通过将商品和服务的价格定在合理市价以上，进口方可以将价值转移给出口方，这是因为商品和服务的实际购买支出大于在公开市场上获得相同商品和服务的应得金额。

FATF的研究表明，以低估价格出口是一种最普遍的转移资金的国际贸易洗钱方法。这反映出多数海关主要将注意力集中在阻止进口走私和确保收取适当的进口关税上，海关对出口的监控没有对进口监控那么严格。同样值得注意的是，商品的交易越复杂，海关识别价格被高估或低估以及正确估计关税的困难就越大。这是由于许多海关没有相关资源和数据来确定众多商品的合理市价。另外，大部分海关无法共享其他国家海关的贸易数据，只能了解自己交易方的情况。因此，海关识别定价的能力总是被限定于那些在国际市场上被广泛交易且被广泛报价的商品上。例如，某国外出口商欲将100万美元的毒品收入转移给某国内进口商，双方合谋交易100万个小器件。为了洗钱，国外出口商将实际2美元/个的小器件以1美元/个开立发票。国内进口商收货后按发票总价电汇给国外出口商100万美元，而在国内市场按2美元/个卖出，收入200万美元。从而，国内进口商得到额外的100万美元（发票价值和实际价值之间的差额）。类似地，通过定价过高或者改变进出口商的国别，资金可以方便地在各国间流转。现金携带者向某地机场海关申报大额现金，申报者声称现金是用于支付给自由贸易区内的一家公司。这个案例涉及公司和专业人士，并由所在司法管辖区当局发出请求，随后进入国际洗钱调查程序。因此，通过上述定价过低的方法，100万美元资金顺利从国外转移到国内。

（二）对商品和服务进行多重计价

国际贸易洗钱的另一个方法就是对同一笔国际贸易开出多张发票，通过对同一件商品或服务重复计价，洗钱分子或恐怖融资分子就能对同一项商品或服务进行多次支付。通过各种不同的金融机构进行支付能够大大增强交易的复杂性。即使某件对同批商品或服务进行多次支付的案子被发现，也有多个合理解释的理由，如修改了支付条款，调整了先前的支付命令以及支付最新费用等。与价格高估或低估不同，出口方或进口方没有必要在商业发票上歪曲商品或服务的价格。

（三）增加或减少商品和服务的数量

除操纵进出口价格外，洗钱分子还可以多报或少报进出口商品或服务的数量。在极端情况下，出口方甚至不需出口任何货物，只需串通进口方确保这一虚构交易相关的所有运输和海关文件被例行公事地处理。银行和其他金融机构可能在不知不觉中为这些虚构交易提供融资服务。

（四）对商品和服务进行虚假描述

除操纵进出口价格外，洗钱分子还会采用歪曲商品和服务类型的方法。例如，出口方可能出口一批相对低廉的货物，却按照高价或完全不同的货物名称开立发票，这就造成了名义运输物品和海关文件与实际运送货物之间的差异。通常这些商品或服务的合理市场价格本来就难以估计①。

①童文俊.论国际贸易反洗钱[J].国际商务财会，2009（4）：15–18.

五、利用第四方支付洗钱

所谓第四方支付平台是指未获得国家支付结算许可，违反国家支付结算制度，依托支付宝、财付通等正规第三方支付平台，通过大量注册商户或个人账户非法搭建的支付通道。第四方支付是相对于第三方而言的，作为对第三方支付平台服务的拓展。自中国人民银行2011年5月26日颁发《支付业务许可证》以来，中国人民银行共发放了272张支付牌照，经统计，目前仍在有效期内的持牌第三方支付机构共186家。随着监管部门对第三方支付平台监管政策的收紧，考虑支付牌照的稀缺性，第三方支付平台对接入商户的审核愈加严格。由于互联网支付的高速发展，市场对线上充值接口的需求激增，导致依托于第三方支付平台的第四方支付平台应运而生。第四方支付无须牌照，而是通过API接口接入不同的第三方支付平台，从而通过各第三方支付平台的收款码进行支付结算。其本质类似于第三方支付平台下的代理商，在第三方支付平台进行网络支付只能选择单一的第三方支付途径，而在第四方支付平台进行网络支付可以选择不同的第三方支付途径。第四方支付平台的存在为个人网站、各类App、网络游戏等的网络支付需求提供了便利。但同时少数第四方支付平台不但将服务器架设在境外，还自行搭建支付结算系统进行二次清算，造成网络支付资金上联第三方支付平台，下联相关商户，对上、对下分别使用两套不同的商户名称，两次经过备付金账户进行清算，为洗钱、网络赌博、网络传销、电信诈骗等违法犯罪活动提供了相对安全的资金通道。

也许有人听过"跑分"这个词，所谓跑分是指只要你提供自己的微信或支付宝收款二维码就能收取高额佣金。"轻松日入千元""本金越多，佣金就越多"这样的宣传广告到处都是，很多人觉得这么容易的赚钱方式为什么不赚呢？这其实是将你卷入了犯罪活动之中。具体操作有点像淘宝刷单之类的，钱到你账上之后，你拿走约好的佣金，剩下的返还给平台。跑分平台利用这些个人的收款码，搭建赌博网站与赌客之间的资金流通渠道，赌博网站招募玩家、赌客充值下注，而投注的收款方并不显示为赌博网站，而是个人，这样就可以躲避有关部门的监管和打击，方便洗钱。对于参与跑分的客户来说，有时候不仅仅是不小心参与了洗钱这么简单。跑分平台为了防止黑吃黑，一般会要求参与者先交一定金额的押金，但是有些客户向跑分平台交了所谓的保证金后，平台就关停了，钱也打了水漂。还有些客户所获得的佣金迟迟无法提现，可谓是赔了夫人又折兵。除了跑分，利用第四方平台进行区块链、期货、比特币投资诈骗，线上交友诈骗，涉黄网站诈骗等也比比皆是，其实都是利用一个不正规的支付渠道进行洗钱或敛财。

六、利用自贸区洗钱

自由贸易区是一国或地区设立在海关区域外，提供优惠政策以促进出口、外国直接投资和当地就业的特定区域。从全球来看，现有自由贸易区通常提供税收优惠并采取其他很多刺激措施，这些优惠措施与刺激政策在便利交易的同时，也在一定程度上给自由贸易区造成了易被洗钱和恐怖融资活动利用的薄弱环节，加强自由贸易区反洗钱监管已经成为国际共识。在自贸区便利的环境和制度条件下，行为人通过货币走私、跨境资金流转和人民币自由兑换、空壳公司和前台公司、离岸公司和离岸贸易等方式洗钱的风险进一步加大。例如，一家美国公司在海关保税区和自由贸易区收到从国内和国外运来的酒和烟草，这些货品随后被重新包装，并以另一家公司的名义发送至其他海关保税区或自由贸易区，最终走私进入销售市场。调查人员发现，涉嫌犯罪活动的公司使用了重复开票、虚假海关单据、伪造海关图章和海关官员签名等方式完成走私、转运和销售未纳税香烟的过程。在该案中，这些走私货品被售卖给外国外交人员。执法部门在对该公司美国的办公场所进行搜查时，没收了价值947195美元未经纳税的酒类和香烟，这些货品正准备走私出美国。最终，12人被逮捕并定罪。他们属于一个与阿布沙耶夫集团（一个以菲律宾为基地的恐怖组织）有牵连的非法贩运毒品和武器的组织。

从国际经验来看，打击贸易洗钱的工作尚处于起步阶段。设立自由贸易区的目的是通过提供各种税收优惠，如税收减免或贸易便利来促进特定区域的经济发展。出于更好地打击欺诈和反洗钱目的从而加强对自由贸易区的监管，则有可能对经济和贸易活动造成负面影响。因此，如何在这之间取得平衡就成为我国反洗钱主管部门面临的一个艰难抉择。我国自由贸易区的反洗钱监管工作还需要根据对这一领域洗钱风险认识和了解的加深，逐步完善相关预防与打击的制度。现有自由贸易区一些具体的薄弱环节、洗钱风险与反洗钱措施为我国自由贸易区反洗钱工作提供了可供借鉴的经验。

七、利用拍卖典当业洗钱

（一）拍卖行业洗钱

近年来，拍卖业作为市场经济的重要组成部分，在土地流转、资产处置、文物艺术品流通等众多领域发挥了不可或缺的积极作用，截至2017年12月，我国内地共有拍卖企业5860家，全行业注册资本总额221.91亿元。行业从业人员总数6万余人，其中，国家注册拍卖师11040人。拍卖业成交额在第三产业"其他服务业"生产总值中占6.51%的份额，在全国社会消费品零售总额中占2.77%的份额。在拍卖业蓬勃发展的同时，因反洗钱配套法规欠缺，行业监督管理机制存在漏洞，使拍卖业存在诸多洗钱风险。艺术品拍卖背后的洗钱手法通常有以下几种。

1.黑钱洗白

例如，甲需要将数亿元黑钱变成合法收入，那么就可以在市场上以10万元每张的价格购入艺术家乙的作品，再肆意炒作，将这批画作的价值炒成天价，并将画送拍，通过洗钱组织在不同的拍卖场安排不同的人用1000万元甚至更高的天价拍走，这些钱由甲的黑钱来支付，这样黑钱就以艺术投资的名义被洗白了。

2.贪污式洗钱

假设甲手中可以操控1亿元公有资产，就可以成立艺术投资机构或美术馆。接下来，甲就找到乙联手做局，将乙送拍的价值1000万元的艺术品炒至1亿元，那么多出来的9000万元就可以化公为私，由甲和乙协商分享。

3.关联洗钱

有些天价交易并非买卖双方获益，而是为与之没有任何社会关系的关联方洗钱。例如，甲提前一两年大量买进艺术家乙的画，把黑钱变成艺术品，然后由洗钱组织安排丙和丁联手为乙炒出一波上涨行情，接下来甲可以随时在拍卖场或画廊出售乙的作品，并将收益转移给关联方，达到洗钱的目的。

（二）典当业洗钱

典当是指当户将其动产、财产权利作为当物质押或者将其房地产作为当物抵押给典当行，交付一定比例费用，取得当金，并在约定期限内支付当金利息、偿还当金、赎回当物的行为。近年来，典当业在方便人民群众生活、救急解难、缓解社会矛盾等方面发挥了积极的作用；同时，作为辅助性融资渠道，促进了中小企业、个体私营经济的发展。但典当业发展中还存在一些亟待解决的问题，如有的典当行违规经营，扰乱正常经营秩序；少数典当行被不法分子利用，参与销赃洗钱活动。

洗钱者可以通过投资设立典当行从事洗钱活动，更容易吸引洗钱分子进入典当行担任股东、董事、高级管理人员等。一些政府官员可以利用亲戚朋友出面开办典当行或担任典当行高层管理人员，将贪污贿赂所得通过典当行进行清洗，利用企业提供的职位获取所谓的薪酬。除此之外，典当业务流程包括建当、赎当、续当、库存处理等几个关键环节，每个环节在缺乏反洗钱监管的情况下都有可能被洗钱分子所利用。

八、通过市场商品交易进行洗钱

洗钱者可能会因受到现金交易报告制度的严格限制，在短期内无法方便地将现金转变为银行存款，但大量持有现金对犯罪组织来说是极其危险的。为了达到尽快改变犯罪收入现金形态的目的，一些现金密集型行业就成了洗钱者的目标。即利用赌场、妓院、酒吧、饭店、宾馆、超级市场、夜总会等服务行业和日常大量使用现金的行业，把非法收入与合法收入相混合，以达到洗钱的目的。例如，欧洲一些国家的"两替店"（可以兑换外币的小商店）为外国游客兑换外币提供了不少方便。这些特殊的"两替店"能自由兑换外币，自然很快被犯罪集团锁定，成为不法分子洗钱的工具。再如，投资电影可以获得广告收入、版权收入、票房收入等，具有定价灵活性，且有些是合理的现金收入。电影拍摄成本无法准确测算，服装、道具、场景、租金、群演劳务等开支可以使用现金支付，且成本支出没有统一标准。电影公司可以虚增账面收入，在成本支出上作假，使实际投资远低于账面投资，实际收入远低于账面收入。不论电影公司是盈是亏，总有大笔资金可以转化为其合法收入。

九、利用网络直播洗钱

网络直播、网红已经成为当前曝光率较高同时也是极具争议的话题，不断有高额打赏网络直播的新闻曝出，引发了社会对主播收入、直播用户打赏机制的强烈关注。在大部分网络直播平台上，观众可以对主播进行打赏，通过支付宝、微信支付、银联在线、网银支付和充值卡进行充值，充值后可以购买直播平台的各种礼物对主播进行打赏（打赏的礼物自动换算为人民币，并按照约定的比例在直播结束后划入主播个人账户）。因此，通过用户注册到购买虚拟道具，再到打赏支付，最后收益分配，用户的资金已转移至直播平台和主播账户。由于网络直播平台借助奖赏礼物收取观众资金，然后直播平台按预定比例划转至主播账户，剩余部分划入直播平台账户，从而隔离或中断了主播和身份不明的打赏者之间资金的直接流向。在网络直播平台对客户和主播交易金额无限制的情况下，网络直播平台对资金来源背景和真实去向不能了解，资金交易游离于监测之外。

第五章　洗钱行为与上游犯罪的关系问题

　　洗钱罪的上游犯罪也称原生犯罪、前置犯罪、先行犯罪，是指作为非法财产来源的各种已经实施的犯罪。上游犯罪作为洗钱犯罪的对象性犯罪，与洗钱罪有密不可分的关系：一方面，上游犯罪是洗钱罪的前提和基础，没有上游犯罪所获取的非法收入，洗钱行为就没有掩饰、隐瞒的对象，也就不会有洗钱犯罪。另一方面，洗钱犯罪反作用于上游犯罪，对上游犯罪起推波助澜的作用。下游的洗钱犯罪一旦成功，对上游犯罪将产生支持和鼓励作用。有观点认为，洗钱犯罪是有组织犯罪发展其犯罪产业的主要手段。洗钱犯罪为上游犯罪打开了通道，使上游犯罪能得到"良性循环"，从而推动了上游犯罪与洗钱犯罪的双向发展。因为上游犯罪与洗钱犯罪之间的这种关系，所以对上游犯罪的界定对于控制和打击洗钱犯罪进而遏制上游犯罪具有十分重要的意义。《中华人民共和国刑法修正案（六）》（以下简称《刑法修正案（六）》）对《刑法》第一百九十一条洗钱罪上游犯罪范围和第三百一十二条赃物罪的行为方式作了扩大性修改，自2007年1月1日起施行的《反洗钱法》也作出了与《刑法修正案（六）》相一致的规定。因此，根据我国《反洗钱法》第二条和《刑法》第一百九十一条的规定，毒品犯罪、黑社会性质的组织犯罪、恐怖活动犯罪、走私犯罪、贪污贿赂犯罪、破坏金融管理秩序犯罪和金融诈骗犯罪即为洗钱的上游犯罪。

第一节　毒品犯罪

一、法律规定

毒品犯罪与洗钱犯罪紧密相连。洗钱犯罪是毒品犯罪发展其犯罪产业的主要手段。1988年12月，《联合国禁止非法贩运麻醉药品和精神药物公约》第3条将洗钱犯罪的上游对象定位于毒品犯罪，我国于1989年加入该公约，《关于禁毒的决定》第4条是这一公约的体现。可见，毒品犯罪与洗钱犯罪有着不可分割的联系。我国《刑法》第三百五十七条规定，毒品是指鸦片、海洛因、甲基苯丙胺（冰毒）、吗啡、大麻、可卡因以及国家规定管制的其他能够使人形成瘾癖的麻醉药品和精神药品。《麻醉药品及精神药品品种目录》中列明了121种麻醉药品和130种精神药品。毒品通常分为麻醉药品和精神药品两大类。其中最常见的主要是麻醉药品类中的大麻类、鸦片类和可卡因类。所谓毒品犯罪是指违反国家和国际有关禁毒法律、法规，破坏毒品管制活动，应当受到刑法处罚的犯罪行为。

我国《刑法》，第三百四十七条至第三百五十五条包含了12种罪：走私、贩卖、运输、制造毒品罪（贩卖毒品是指非法销售毒品，包括批发和零售；以贩卖为目的收买毒品的，也属于贩卖毒品）；非法持有毒品罪；包庇毒品犯罪分子罪；窝藏、转移、隐瞒毒品、毒赃罪；走私制造毒品罪；非法生产、买卖、运输毒品罪；非法种植毒品原植物罪；非法买卖、运输、携带、持有毒品原植物种子、幼苗罪（非法买卖是指以金钱或者实物作价非法购买或者出售未经灭活的毒品原植物种子或者幼苗的行为）；引诱、教唆、欺骗他人吸毒罪；强迫他人吸毒罪；容留他人吸毒罪；非法提供麻醉药品、精神药品罪。

二、洗钱手法与防治措施

毒品交易中的巨大金钱利益是毒品泛滥的主要原因，而涉毒洗钱更是毒品交易中的重要一环。涉毒洗钱犯罪是指明知是毒品犯罪的违法所得及其产生的效益，仍以各种方法掩饰、隐瞒其来源和性质的行为。涉毒洗钱事件常常就隐藏在我们身边，只有清楚了解有关作案手法及陷阱，大家才能有效保护自己，远离涉毒危机。

（一）常见的涉毒洗钱犯罪手法

1.借助他人银行账户，办理定期存款

毒品犯罪嫌疑人经常会利用他人的个人社保卡交易毒资，并为其办理定期存款，从而成功利用他人的银行账户保管涉毒非法资金，帮助毒品犯罪嫌疑人掩饰资金的真实来源。

2.现金由第三方携带出境

在不法分子接到贩毒人的通知后，将用于毒品交易的款项转到第三方银行账户，再由其他人到ATM机上领取现金并携带出境，出境后交给境外交易人，以此达到转移毒资的洗钱目的。

3.利用毒资置办固定资产

不法分子用自己的身份信息为贩毒者购买店铺、住宅及车辆等固定资产，从而将毒品交易所得转换成正常的交易流通资金，将非法所得合法化。由于房子、车子等固定资产可以有效保值，并且在买卖二手房等行业政策存在较多灰色地带，可以避开核实身份信息进行交易，因此被很多毒品犯罪分子利用，这也成为常见的涉毒洗钱方式之一。除此之外，贩毒者还可以利用股市投资、购买黄金、在线金融服务等方式达到洗钱目的。

（二）涉毒洗钱犯罪防治措施

作为一般公民，如何远离身边涉毒洗钱的陷阱，笔者认为可以从以下几个方面注意：

（1）增强警惕性，远离毒品犯罪分子，避免掉入涉毒洗钱犯罪圈套。

（2）保护好个人信息，不要出租、出借、出卖自己的身份证件，以及银行账户、微信账户、支付宝账户等支付结算账户。有些毒品犯罪分子会利用亲人朋友

的合法身份信息为涉毒资金洗白，在他们并不知道帮助洗钱的严重后果时利用人情诱骗他们帮忙。因此，消费者要格外注意保护个人信息安全，不能随意透露自己的账户信息。

（3）不要用自己的支付结算账户为他人接收、转移资金，更不要为他人多次提现、存现。

（4）不要配合他人，通过非正规渠道或采取非常态交易方式进行典当、租赁、买卖、投资、交易虚拟币等行为。

（5）不要替他人跨境转移资产。提取现金，并将毒品交易资金携带出境，再通过海外账户等办法利用法律漏洞将资金合理化是最常见的洗钱方式之一。当消费者遇到有人寻求帮助将物品携带至境外时要格外小心，不加以分辨的热心帮忙可能会卷入大麻烦。

（6）不要为他人注册皮包公司等。

总之，打击毒品交易，切断资金链、打击涉毒洗钱渠道是重要措施。被出借、出租、出售的每一个银行账户都有可能用于涉毒洗钱，都是在助纣为虐、为虎作伥；这些被非法使用的账户，不仅会给出借者、出租者、出售者"带来"司法机关的处理处罚，被这些账户洗白的资金，更是打在缉毒警察身上的一颗颗子弹，是危害青少年甚至危害广大人民群众身心健康的一粒粒毒丸。涉毒洗钱行为不仅会扰乱正常的社会经济秩序，还会助长毒品犯罪、黑社会性质的组织犯罪、恐怖活动犯罪、走私犯罪等多种严重的上游犯罪，影响社会稳定。因此，了解涉毒洗钱相关知识，积极推进反洗钱工作是每位公民的责任。

第二节　黑社会性质的组织犯罪

一、法律规定

在国际上，黑社会组织被广泛称为有组织犯罪集团。我国在立法和司法实践中广泛使用的则是"黑社会性质组织"。黑社会性质组织是不成熟的黑社会组织，是黑社会组织发展处于早期阶段的一种表现，但是黑社会组织所具有的性质，黑社会性质组织也基本具备。根据2011年5月1日施行的《中华人民共和国刑法修正案（八）》（以下简称《刑法修正案（八）》）第四十三条的规定，黑社会性质的组织应当同时具备以下四个特征：

（1）形成较稳定的犯罪组织，人数较多，有明确的组织者、领导者，骨干成员基本固定；

（2）有组织地通过违法犯罪活动或者其他手段获取经济利益，具有一定的经济实力，以支持该组织的活动；

（3）以暴力、威胁或者其他手段，有组织地多次进行违法犯罪活动，为非作恶，欺压、残害群众；

（4）通过实施违法犯罪活动，或者利用国家工作人员的包庇或者纵容，称霸一方，在一定区域或者行业内，形成非法控制或者重大影响，严重破坏经济、社会生活秩序。

从广义的角度上看，只要具备了以上四个方面特征的黑社会性质组织实施的具体犯罪，都应该属于黑社会性质的组织犯罪。

在我国，黑社会性质的组织犯罪属于我国《刑法》第六章"妨碍社会管理秩序罪"第一节"扰乱公共秩序罪"。该节包括了三个典型的黑社会性质的组织犯罪。

（一）组织、领导、参加黑社会性质组织罪

组织、领导、参加黑社会性质组织罪是指组织、领导和积极参加以暴力、威胁或者其他手段，有组织地进行违法犯罪活动，称霸一方，为非作恶，欺压、残害群众，严重破坏经济、社会生活秩序的黑社会性质的组织的行为。

（二）入境发展黑社会组织罪

入境发展黑社会组织罪是指境外的黑社会组织的人员到中华人民共和国境内发展组织成员的行为。

（三）包庇、纵容黑社会性质组织罪

包庇、纵容黑社会性质组织罪是指国家机关工作人员包庇黑社会性质的组织，或者纵容黑社会性质的组织进行违法犯罪活动的行为。

二、黑社会性质组织的界定

对于黑社会性质组织的界定，现在学界主要有两种观点。第一种观点认为，黑社会性质的组织犯罪仅包括《刑法》第二百九十四条第一款组织、领导、参加黑社会性质组织罪，第二款入境发展黑社会组织罪，第三款包庇、纵容黑社会性质组织罪三个与黑社会组织的形成、发展有关的罪名。另一种观点认为，除《刑法》第二百九十四条规定的三个罪名外，由黑社会性质组织及其成员实施的违法犯罪活动都属于黑社会性质的组织犯罪。如果某犯罪者上游犯罪所涉罪名不是《刑法》第二百九十四条规定的三个罪名，但确是黑社会性质组织实施的犯罪，是否属于洗钱罪上游犯罪的范畴存在一定争议。有学者支持前一种观点，认为从字面上看，《刑法》中涉及黑社会性质组织犯罪的条文，仅有第二百九十四条，一般刑事犯罪中并未对黑社会性质的组织或者其他人实施产生的刑事责任进行区分；且该条第四款规定，犯前三款罪又有其他犯罪行为的，依照数罪并罚的规定处罚，如果认为黑社会性质的组织实施的一般刑事犯罪也是洗钱罪的上游犯罪，实际上是把其他犯罪行为的犯罪所得评价为本罪的犯罪所得，有重复评价之嫌；另外，将黑社会性质组织实施的一般刑事犯罪也认定为洗钱罪的上游犯罪，会扩大洗钱罪的上游犯罪的范围。但笔者认为，上述理由难以立足。首先，《刑法修正案（八）》明确规定了黑社会性质的组织的特征，要认定为黑社会性质的组织，必须是该黑社会性质的组织有组织地多次进行其他违法犯罪活动，否则，司法机关不可能将其认定为黑社会性质的组织。当然《刑法》规定，组织、领导、参加黑社会性质的组织，又实施其他犯罪的，数罪并罚。一方面，以其实施的故意杀人、贩卖毒品等其他犯罪行为为基础认定为黑社会性质的组织；另一方面，又以组织、领导、参加黑社会性质的组织与故意杀人罪、贩卖毒品罪实行并罚，就此意义上而言，本罪确有重复评价之嫌。可是该规定是由立法明确规定的，这

里存在的是罪刑法定原则与禁止重复评价原则之间的冲突问题，在此情形，应当优先适用罪刑法定原则，排除禁止重复评价原则的适用。仅以此理由，不能得出黑社会性质的组织实施的一般刑事犯罪不能成为洗钱罪的上游犯罪的结论。所以经研究，笔者更赞同第二种观点，洗钱罪惩处的是为七类严重上游犯罪清洗赃款的行为，黑社会性质组织聚敛非法所得的犯罪不仅限于《刑法》第二百九十四条的三个罪名，司法实践中更多的是利用黑社会性质组织影响力和控制力实施敲诈勒索、强迫交易、开设赌场、组织、强迫卖淫、非国家工作人员受贿等侵害他人人身权利、财产以及扰乱公司、企业、市场秩序的犯罪，以获得非法利益。对于黑社会性质组织的上述犯罪所得及其产生的收益，都应当纳入洗钱罪的规制范围，以最大限度地摧毁黑社会性质组织发展壮大的经济基础。

综上所述，对黑社会性质的组织犯罪，我们要加强立法，加大执法力度，采取预防为主、打击为辅、专项治理、全民动员的方法，坚决制止黑社会性质组织犯罪的产生和发展，遏制其犯罪活动的蔓延，维护社会经济秩序的有序运行，维护社会的安定团结。

第三节　恐怖活动犯罪

一、法律规定

恐怖活动犯罪是指我国《刑法》第二章"危害公共安全罪"中的五个典型的恐怖活动犯罪，这五个罪名称为纯正恐怖活动犯罪，即只能由恐怖活动犯罪构成。

（1）组织、领导、参加恐怖组织罪。组织是指鼓动、召集若干人建立或组织为从事某一特定活动的比较稳定的组织或集团的人。领导是指在某一组织或集团中起指挥、决定作用的人员；积极参加是指对参与恐怖活动态度积极，并起主要作用的成员。其他参加的主要是指恐怖组织中的一般成员。

（2）资助恐怖活动罪。本罪必须符合以下条件：

①主观上必须是故意，即犯罪分子明知对方是恐怖活动组织或者实施恐怖活动的个人而予以资助。

②必须是实施了相应的资助行为，即为其提供了相应的金钱或者物质性帮助。

③资助的对象必须是境内外恐怖活动组织或者实施恐怖活动的个人。

（3）劫持航空器罪。

（4）劫持船只、汽车罪。

（5）暴力危及飞行安全罪。

2009年，《最高人民法院关于审理洗钱等刑事案件具体应用法律若干问题的解释》对资助恐怖活动罪作出了更为详细的解释。在客观方面，资助恐怖活动罪表现为行为人向恐怖活动组织或者实施恐怖活动的个人实施了资助的行为。这里的资助是指为恐怖活动组织或者实施恐怖活动的个人筹集、提供经费、物资或者提供场所以及其他物质便利的行为。在资助对象方面，必须是恐怖活动组织或者实施恐怖活动的个人。即使实施恐怖活动的个人尚未实施恐怖活动，但行为人的资助行为已经实施完毕，也在客观方面符合资助恐怖活动罪的构成要件。资助的媒质，只能是资金或者其他形式的财产，而不是精神上的支持。在犯罪主体方面，资助恐怖活动罪的主体既可以是自然人，也可以是单位。

国内恐怖组织与其他犯罪组织有着本质的区别，恐怖组织最为显著的特点是具有一定的政治目的、政治诉求或者意识形态的支撑，这也是其与一般的犯罪集团，特别是与黑社会性质组织的根本区别。尽管其他的犯罪集团也实施暴力犯罪活动，有的还有所谓的理念、纪律等，但其目的在于获取非法收益。

二、反恐怖主义融资

谈到恐怖组织就不得不提到恐怖融资。恐怖融资是洗钱的一种方式，二者有着千丝万缕的联系。恐怖组织不仅需要隐瞒、掩饰非法收益的性质和来源，还需要掩盖、混淆有关资金流向恐怖主义，使之成为貌似合法的资金流动，从而最终为恐怖主义所利用。一方面，犯罪收益在清洗后成为恐怖活动的资金；另一方面，恐怖分子利用筹集到的资金支持洗钱行为，促使洗钱行为更加猖獗。"9·11"

事件表明，恐怖融资离不开洗钱，洗钱也离不开恐怖融资。所以，恐怖融资可以理解为恐怖组织或恐怖分子占用、募集、使用资金或其他财产的行为，也可以是他人用资金或者其他资产协助的行为。恐怖分子主要通过从事贩卖毒品、敲诈勒索、绑架和武装抢劫等犯罪来募集资金，然后用这些资金开展恐怖活动。尽管恐怖融资与洗钱活动关系密切，但二者又存在自身的特点。恐怖融资的资金来源、洗钱目的以及资金转移的手段与一般洗钱活动仍然有明显差别。

（一）资金来源不尽相同

洗钱活动一定有其相关联的上游犯罪活动存在，没有上游犯罪产生的犯罪收益，就不会有洗钱活动的存在，即洗钱活动中的清洗对象是犯罪收益。相比较而言，恐怖融资的资金只有一小部分来源于传统的犯罪活动。在世界各国普遍加强对恐怖主义活动打击力度的形势下，恐怖组织及其成员的生活往往十分谨慎，他们会把来源于传统犯罪活动所得的犯罪收益与合法资金混在一起。恐怖组织既能从自己经营的企业中获取资金，也能得到一些支持其事业的企业家的捐助。恐怖融资罪行是构成洗钱罪的上游犯罪的一种。

（二）获取非法收益的目的不同

洗钱活动的最终目的是让非法的犯罪所得及其收益获得表面上的合法性，掩饰、隐瞒或消灭犯罪证据及追索的线索，逃避法律追究和制裁，在此基础上实现黑钱、赃钱的安全循环使用。恐怖活动和毒品犯罪等牟利性犯罪活动不一样，通常具有非经济目标，其犯罪的目的锁定在寻求公开化、政治合法化、政治影响力和传播意识形态等非经济目的上，恐怖融资只是实现上述目标的一种手段。

（三）转移资金的手段不同

洗钱的主要渠道是通过金融机构，因此，通过强化金融机构的反洗钱职责，特别是实施可疑交易报告制度，可以有效地防范洗钱活动。恐怖融资则主要采取非正规的资金转移体系筹集资金。恐怖分子经常利用的非正规的资金转移方式包括大额现金运输、利用货币服务行业、利用货币兑换点等替代性汇款机制。即使是通过金融机构进行的恐怖融资活动，往往也由于单个的金融交易所涉及的金额非常低，又有合法生意、社交活动或者慈善行为作掩护而难以被发现。

由此可见，恐怖融资与洗钱是有区别的。但是，恐怖融资又是与洗钱相关联的，一部分犯罪收益在清洗后可以作为恐怖活动的资金。

其实联合国早在1999年就通过了《制止向恐怖主义提供资助的国际公约》。"9·11"事件后，国际上最具影响力的FATF提出了关于"反恐融资"的9条新建议，即《打击恐怖融资特别建议》，以专门打击和切断支持恐怖行为的资金链条。2012年2月，金融行动特别工作组又将之前的"40+9建议"重新进行梳理、融合、归整，进而形成新版的《40条建议》。在实践中要成功地落实反恐融资，必须通过预防、监测、抑制三个措施的相互配合。作为公民的我们，需要做到主动配合金融机构完成客户身份识别，包括提供真实有效的身份证件、据实告知交易目的、及时更新预留信息等；积极培养自我风险防范意识，不出租、出借账户、U盾，不用自己的账户替他人提现，防止他人盗用身份从事非法活动；对于所发现的涉恐融资行为勇于举报，及时切断资助犯罪行为的经济来源和渠道，维护社会正义。

第四节 走私犯罪

一、法律规定

在现行《刑法》中，对走私犯罪有全面的规定。按照走私物品类别的不同，走私犯罪包括：走私武器、弹药罪；走私淫秽物品罪；走私废物罪；走私普通货物、物品罪；走私毒品罪；走私制毒物品罪。同时，第一百五十四条规定了走私货物、物品罪的特殊形式，即未补缴应缴税额的货物在境内销售的犯罪行为。第一百五十五条规定了以走私罪论处的间接走私行为：

（1）直接向走私人非法收购国家禁止进口物品的，或者直接向走私人非法收购走私进口的其他货物、物品，数额较大的；

（2）在内海、领海、界河、界湖运输、收购、贩卖国家禁止进出口物品的，或者运输、收购、贩卖国家限制进出口货物、物品，数额较大，没有合法证明的。

第一百五十六条规定了走私共犯的定义。第一百五十七条指出武装掩护走私、抗拒缉私的，从重处罚。

二、走私资金交易途径

（一）通过地下钱庄等非法跨境汇兑机构转移资金

走私分子为逃避正规汇兑渠道外汇管理机构的监控，选择地下钱庄等非法汇兑机构汇兑走私资金。通过地下钱庄收付、汇兑走私资金，适用金额大，快捷方便。例如，在 W 市走私铁合金案中，走私犯罪分子利用出口服装的集装箱夹藏钼铁、铬铁、硅铁合金出口到韩国，在韩国收取走私款后，将近亿元资金通过跨境地下钱庄等非法途径汇兑回国。

（二）利用境内外关联公司贸易资金对冲非法收益

犯罪分子利用关联公司境内外业务开展过程中产生的费用及收益进行资金对冲，以抵消应付、应收的走私收益。以该方式对冲非法收益，资金在两头，但因中间穿插的业务关系较为复杂，一般很难发现。例如，在 W 市走私化妆品案中，韩国物流公司与 W 市某货代公司勾结，通过集装箱伪报品名将化妆品走私至国内。由于韩国物流公司与 W 市货代公司在两国均有贸易资金往来，国内走私货主通过在境外的关系人向供货商支付部分走私货款，同时利用关系人在国内派出机构的应付账款来抵扣相应代付账款。

（三）通过离岸公司账户划转资金

走私分子为了躲避国内对外汇资金的管制，通过开立离岸账户收付划转走私资金。由于离岸账户不受国内外汇管制，具有高度保密性，其充当的角色主要是收付走私资金，并通过个人外币账户提现。例如，在 W 市走私镁砂案中，船东与货主勾结，利用国内、国际两套船舶手续，绕关走私出口镁砂到日本、中国台湾。由于没有任何通关手续，部分国外买家不愿配合支付货款给个人，为方便接收买家支付的货款，走私分子在中国香港地区注册离岸公司，通过离岸账户接收走私资金，然后分转到个人或通过地下钱庄汇兑回本国。

（四）通过虚报加工、劳务、佣金名目收付走私资金

走私分子通过调节劳务、加工费用等方式，将走私资金附加到上述资金收付中逃避监管。由于加工、劳务、佣金都是非货贸易，无法准确核算其费用标准，因此很难监测控制。例如，在 W 市某走私案中，某公司在进口过程中存在低报价格的情况，犯罪嫌疑人将在正常通关中低报的差价款（走私货款），通过调低公司对外贸易加工费的方式来抵扣境外货主的应付货款。

（五）假借跨境贸易预付、预收款收付走私资金

由于外汇管理部门对进出口收付汇实行总量监控，企业无须逐笔核销，预收登记核销期限为 30 天，预付登记货到核销期限为 90 天，走私分子利用时间差将下一笔正常贸易资金核销走私资金，并滚动循环，最终通过正常贸易资金的收付隐藏走私资金的转移行为。例如，在 W 市走私进口旧复印机案中，犯罪嫌疑人申请信用证支付走私货款，登记 90 天内到货，然后通过后续贸易滚动登记，利用下一票进口业务报关单核销上一笔业务支付的低报差价款，将走私支付的差价款隐藏于滚动循环的正常贸易款中。

（六）通过个人非贸易项下分拆汇兑资金

走私分子利用个人账户经常项目下非经营性结售汇限额的规定，通过借用多人身份证件开立外汇账户，通过虚构劳务收入等名义将境外走私款分拆汇兑到境内个人外汇账户，结汇后再归集走私款。该方式具有交易隐蔽、分散等特点。如 W 市走私出口石墨案中，由于走私款无通关手续，无法以贸易款形式汇兑入境，走私款最终通过离岸公司账户接收后，再分拆给国内多个个人账户汇兑回国。

（七）走私款通过携带现钞实现出入境

走私分子通过携带现金出入境收付走私资金，具有短平快的特点，携带资金少、周期短、见效快，可在短时间内解决资金出入境问题，特别是 W 市有大量在日、韩打工人员，并且我国海关对韩币的携带量不设限制。所以，走私分子可以利用大量出入境人员分别携带一定走私资金达到走私款出入境的目的。当然，也需注意，虽然我国海关对携带外币数量不设限制，但是根据《携带外币现钞出入境管理暂行办法》的规定，超过一定数额也是需要向银行申领《携带证》的。

三、走私犯罪的自洗钱行为认定

最新《刑法修正案（十一）》第十四条对《刑法》第一百九十一条第一款第二项的修改，在实质上增加了一种独立的洗钱行为类型，即所谓的"自洗钱"。简单而言，就是上游犯罪的行为人自己实施洗钱犯罪活动。此前，一般认为我国洗钱罪的犯罪主体只能由上游犯罪分子之外的第三人实施；而现在行为人自己为掩饰、隐瞒《刑法》第一百九十一条规定的七种上游犯罪的所得及其产生的收益的来源和性质，将财产转换为现金、金融票据、有价证券的，便属于"自己犯罪自己清洗"行为，亦构成洗钱罪。但是，自洗钱行为入罪后，如何评价自洗钱行为与其上游犯罪，特别是走私犯罪之间的关系便值得研究。如在实践中，行为人将走私犯罪之物直接销售的，是否构成洗钱罪？由此而产生的问题在于：若将直接销售走私犯罪之物的行为认定为洗钱罪，则该罪与走私犯罪之间应当如何论处？

由于走私犯罪之物既是走私犯罪的组成之物，也是走私犯罪的所得，进而直接销售走私犯罪之物满足洗钱罪中"将财产转换为现金、金融票据、有价证券的"行为，即所谓的自洗钱，可以洗钱罪论处。将自洗钱行为入罪后，即便最终的处断上并未数罪并罚，但其作为一个罪行，便可以与其上游犯罪在处断评价上具备"从一重"评价的基础。毕竟，在未入罪之前，自洗钱行为只能作为上游犯罪的"事后不可罚"行为进行评价，即便这个"事后不可罚"行为相对于上游犯罪行为具有刑法评价上的独立性，且侵害法益的性质更严重，但其毕竟不是一个罪名，无法与上游犯罪实现"从一重"处断。因此，直接销售走私犯罪之物的行为便可以进行如下讨论。

（一）对于直接销售行为人的定性问题

若行为人将走私犯罪之物走私入境后，直接销售给他人的，其行为分别侵害了走私犯罪和洗钱罪的保护法益，二者具备独立的刑法评价基础及理由，故应考虑以走私犯罪和洗钱罪实施数罪并罚；若行为人指使上家从境外将走私犯罪之物直接走私入境交付给他人的，走私犯罪行为和直接（销售）行为竞合，应考虑以走私犯罪和洗钱罪想象竞合"从一重"论处。

（二）对于直接非法收购走私犯罪之物者的定性问题

由于直接收购者系直接向走私人非法收购走私犯罪之物，其行为既符合上家自洗钱的帮助行为，也可以直接构成洗钱罪的实行行为，同时也可以根据《刑法》第一百五十五条的规定构成走私犯罪，但毕竟只有一个"直接收购"行为，故应以想象竞合"从一重"论处。当直接收购者将其非法收购的走私犯罪之物，再次销售给他人（简称二次收购者）的，同前理，直接收购者亦可构成自洗钱型洗钱罪。二次收购者若具备洗钱罪的主观故意的则可以构成洗钱罪。此时，二次收购者的行为已经不具备认定走私犯罪的基础（除非二次购买者与直接购买者存在共谋），故其后续购买者不能以洗钱罪论处。

第五节　贪污贿赂犯罪

一、法律规定

贪污贿赂犯罪是指我国《刑法》第八章"贪污贿赂罪"的章罪名。该章罪名从第三百八十二条到三百九十六条，包括了12种罪名。

（一）贪污罪

贪污罪是指国家工作人员利用职务上的便利，侵吞、窃取、骗取或者以其他手段非法占有公共财物的行为。同时，受国家机关、国有公司、企业、事业单位、人民团体委托管理、经营国有财产的人员，利用职务上的便利，侵吞、窃取、骗取或者以其他手段非法占有国有财物的，以贪污论处。

此外，贪污罪还包括国家工作人员在国内公务活动或者对外交往中接受礼物，依照国家规定应当交公而不交公的行为。本罪主体都是依法从事公务的人员。所谓公务，是指从事组织领导、监督管理等公共事务性质的活动，凡不具有公务职责的人员无论身份如何都不能成为本罪主体。

（二）挪用公款罪

挪用公款罪是指国家工作人员利用职务上的便利，挪用公款归个人使用，进行非法活动的，或者挪用公款数额较大、进行营利活动的，或者挪用公款数额较大、超过三个月未还的行为。本罪的挪用行为有三种情形，不同情形的犯罪构成标准有所不同。

（1）挪用公款归个人使用，进行非法活动。即挪用公款归个人使用，进行国家法律法规明令禁止的违法犯罪活动。

（2）挪用公款数额较大，进行营利活动。所谓营利活动，是指国家法律、法规允许的牟利活动，如存入银行收取利息、用于集资、开办公司等。

（3）挪用公款用于日常生活，数额巨大、超过三个月未还。这种情况一般是指挪用公款用于非法活动、营利活动以外的其他合法活动，如个人消费、还债等。

（三）受贿罪

受贿罪是指国家工作人员利用职务上的便利，索取他人财物的，或者非法收受他人财物，为他人谋取利益的行为。国家工作人员在经济往来中，违反国家规定，收受各种名义的回扣、手续费，归个人所有的，以受贿论处。另外，《刑法》

第三百八十八条规定，"国家工作人员利用本人职权或者地位形成的便利条件，通过其他国家工作人员职务上的行为，为请托人谋取不正当利益，索取请托人财物或者收受请托人财物的，以受贿论处"。《刑法》第三百八十五条第一款规定的受贿罪有两种情形：

（1）索取他人财物，即索贿。不论索取他人财物后是否为他人谋取了利益，均应以受贿罪论处。

（2）非法收受他人财物，为他人谋取利益。至于为他人谋取的利益是否正当，为他人谋取的利益是否兑现，为他人谋取的利益是在收受贿赂之前、当时还是之后，均不影响本罪的成立。

本条第二款规定了另一种受贿方式。回扣、手续费是经济活动中的一种交易手段，但并非所有的回扣、手续费都是正当合法的。第三百八十八条中的"谋取不正当利益"，是指谋取违反法律、法规、国家政策和国务院各部门规章规定的帮助或者方便条件。如果为请托人谋取的是正当的利益，不构成本条规定的受贿罪。

（四）单位受贿罪

单位受贿罪是指国家机关、国有公司、企业、事业单位、人民团体，索取、非法收受他人财物，为他人谋取利益，情节严重的行为。以前所列单位在经济往来中，在账外暗中收受各种名义的回扣、手续费的，以受贿论处。

（五）行贿罪

行贿罪是指为谋取不正当利益，给予国家工作人员以财物的行为。在经济往来中，违反国家规定，给予国家工作人员以财物，数额较大的，或者违反国家规定，给予国家工作人员以各种名义的回扣、手续费的，以行贿罪论处。给予财物的方式可以是主动给予，也可以是被动给予。但是，如果是因被国家工作人员勒索而被迫交付财物，本人也没有获取不正当利益的，则不构成行贿罪。

（六）对单位行贿罪

对单位行贿罪是指为谋取不正当利益，给予国家机关、国有公司、企业、事业单位、人民团体以财物的，或者在经济往来中，违反国家规定，给予各种名义的回扣、手续费的行为。

（七）介绍贿赂罪

介绍贿赂罪是指向国家工作人员介绍贿赂的行为。

（八）单位行贿罪

单位行贿罪是指单位为谋取不正当利益而行贿，或者违反国家规定，给予国家工作人员以回扣、手续费的行为。

（九）巨额财产来源不明罪

巨额财产来源不明罪是指国家工作人员的财产、支出明显超过合法收入，差额巨大的，可以责令该国家工作人员说明来源，不能说明来源的，差额部分以非法所得论处。

（十）隐瞒境外存款罪

隐瞒境外存款罪是指国家工作人员在境外的存款，应当依照国家规定申报。数额较大、隐瞒不报的行为被视为隐瞒境外存款。

（十一）私分国有资产罪

私分国有资产罪是指国家机关、国有公司、企业、事业单位、人民团体，违反国家规定，以单位名义将国有资产集体私分给个人的行为。

（十二）私分罚没财物罪

私分罚没财物罪是指司法机关、行政执法机关违反国家规定，将应当上缴国家的罚没财物，以单位名义集体私分给个人的行为。

二、洗钱方式

近年来，以贪污贿赂犯罪为上游犯罪的洗钱罪呈现高发态势，从2008年我国首例涉腐洗钱案宣判开始，以贪污贿赂犯罪为上游犯罪的洗钱案件的数量增长迅猛。以2021年为例，2021年全国检察机关审结涉腐洗钱犯罪案件259件，是2020年的2.56倍；审结涉腐洗钱犯罪案件数量占同期所有审结贪污贿赂案件数量的2%，是2020年的2倍。在中国，常见的洗钱方式有这样几个特点：一是先捞钱后洗钱，即公职人员大量贪污、受贿后，辞职下海办公司或炒股，用新身份来解释他不正常的暴富；二是边捞钱边洗钱，即搞"一家两制"，自己在台上利用权力捞钱，亲属则利用下海身份掩盖黑钱来源；三是连捞钱带洗钱，即政府官员或国企老总创办私人企业、代理人企业（企业表面上是别人的，但大权由自己控制），既可通过经济往来把黑钱转移到这些企业的账户上，又可通过正常的纳税经营再赚一笔。还有一类就是跨国洗钱，即利用国内外市场日益密切的联系，设法把黑钱转移出去，或者在境外收取赃款并洗白。虽然国内腐败分子的国际洗钱活动还未形成规模，但在国际洗钱中已占有越来越大的比重。某些领导干部已开始在国外打基础，把子女、资金都弄出去。

因此，洗钱不仅仅发生在一国之内。国际联系的加强让跨国洗钱成为一个突出问题，互联网金融的兴起也增加了反洗钱的难度。切断贪污腐败所得与国际洗钱犯罪的联系，必须充分了解国际洗钱活动的轨迹，这只能靠证据。洗钱常常导致贪污腐败所得的某些证据在境内的灭失，但也往往意味着洗钱犯罪证据重新诞生。了解这些证据，需要反洗钱部门的努力，更需要政府各部门之间的合作和社会力量的支持。反洗钱不仅是金融部门的事，非金融部门同样也要在此承担起必要的义务。无论什么样的洗钱活动，总会留下痕迹。时下一些地下钱庄的活动，往往也借助了正规金融渠道，只要能够对这些渠道的资金活动进行有效分析，就可能顺藤摸瓜，找到洗钱犯罪的证据。

第六节　破坏金融管理秩序犯罪

一、法律规定

破坏金融管理秩序犯罪是指我国《刑法》第三章"破坏社会主义市场经济秩序罪"中第四节的节罪名，从第一百七十条至第一百九十一条规定了以下29种罪名。

（一）伪造货币罪

《刑法》第一百七十条规定，伪造货币的，有下列情形之一的，应追究其刑事责任：

（1）伪造货币集团的首要分子；

（2）伪造货币数额特别巨大的；

（3）有其他特别严重情节的。

伪造货币是指仿照人民币或者外币的图案、色彩、形状等，使用印刷、复印、描绘、拓印等各种制作方法，将非货币的物质非法制造为假货币，冒充真货币的行为。同时，还应包括实践中出现的制造货币版样的行为，这种行为为大量伪造货币提供了条件。货币是指可在国内市场流通或者兑换的人民币和外币。根据最高人民法院于2000年做出的司法解释，伪造货币的总面额在2000元以上的，构成犯罪。

（二）出售、购买、运输假币罪

《刑法》第一百七十一条规定，出售、购买伪造的货币或者明知是伪造的货币而运输的行为，应追究其刑事责任。出售伪造的货币是指以营利为目的，以一定的价格卖出伪造货币的行为。购买伪造的货币是指行为人以一定的价格用货币换回伪造的货币的行为。构成以上两种罪的，数额应达到4000元。

（三）金融工作人员购买假币、以假币换取货币罪

《刑法》第一百七十一条规定，银行或者其他金融机构的工作人员购买伪造的货币或者利用职务上的便利，以伪造的货币换取货币的，应追究其刑事责任。利用职务上的便利，以伪造的货币换取货币是指银行或者其他金融机构的工作人员，利用职务上管理金库、出纳现金、吸收付出存款等便利条件，以伪造的货币换取货币的行为。其他金融机构是指除商业银行以外的信用社、投资融资租赁、证券等非银行金融机构。根据最高法院司法解释的规定，总面额在4000元以上的，应追究其刑事责任。

（四）持有、使用假币罪

《刑法》第一百七十二条规定，明知是伪造的货币而持有、使用，数额较大的，应追究其刑事责任。构成本罪的数额标准为4000元。

（五）变造货币罪

《刑法》第一百七十三条规定，变造货币，数额较大的，应追究其刑事责任。根据《最高人民法院关于办理伪造国家货币、贩运伪造的国家货币、走私伪造的货币犯罪案件具体应用法律的若干问题的解释》，对国家货币采用剪贴、挖补、揭层、涂改等方法加工处理，使国家货币改变形态、升值的变造国家货币行为，以伪造国家货币罪论处。根据《最高人民法院关于审理伪造货币等案件具体应用法律若干问题的解释》第六条规定，变造货币的总面额在2000元以上的，依照规定处罚。如果行为人不具有非法牟利的目的，虽然改变了货币的金额，但并未进行使用，且不具有使用的意图，则不能构成本罪。

（六）擅自设立金融机构罪

《刑法》第一百七十四条规定，未经国家有关主管部门批准，擅自设立商业银行、证券交易所、期货交易所、证券公司、期货经纪公司、保险公司或者其他

金融机构的，应追究其刑事责任。

（七）伪造、变造、转让金融机构经营许可证、批准文件罪

《刑法》第一百七十四条规定，伪造、变造、转让商业银行、证券交易所、期货交易所、证券公司、期货经纪公司、保险公司或者其他金融机构的经营许可证或者批准文件的，依照前款的规定处罚。

（八）高利转贷罪

《刑法》第一百七十五条规定，以转贷牟利为目的，套取金融机构信贷资金高利转贷他人，违法所得数额较大的，应追究其刑事责任。套取金融机构信贷资金转贷他人是指编造虚假理由，将从银行、信托投资公司、农村信用社、城市合作银行等金融机构获得的信贷资金又转贷给第三人。高利转贷他人是指行为人以比金融机构贷款利率高出许多的利率将套取的金融机构的信贷资金转贷他人，从中获取不法利率。对于高利转贷罪的追诉标准，2001年最高人民检察院、公安部《关于经济犯罪案件追诉标准的规定》指出，涉嫌下列情形之一的，应予追诉：

（1）个人高利转贷，违法所得数额在五万元以上的；

（2）单位高利转贷，违法所得数额在十万元以上的。

（九）骗取贷款、票据承兑、金融票证罪

《刑法》第一百七十五条之一规定，以欺骗手段取得银行或者其他金融机构贷款、票据承兑、信用证、保函等，给银行或者其他金融机构造成重大损失或者有其他特别严重情节的，应追究其刑事责任。

（十）非法吸收公众存款罪

《刑法》第一百七十六条规定，非法吸收公众存款或者变相吸收公众存款，扰乱金融秩序的，应追究其刑事责任。最高人民检察院、公安部《关于经济犯罪案件追诉标准的规定》指出，涉嫌下列情形之一的，应予追诉：

（1）个人非法吸收或者变相吸收公众存款，数额在二十万元以上的，单位非法吸收或者变相吸收公众存款，数额在一百万元以上的；

（2）个人非法吸收或者变相吸收公众存款三十户以上的，单位非法吸收或者变相吸收公众存款一百五十户以上的；

（3）个人非法吸收或者变相吸收公众存款，给存款人造成直接经济损失数额在十万元以上的，单位非法吸收或者变相吸收公众存款，给存款人造成直接经济损失数额五十万元以上的。

非法吸收公众存款是指行为人违反国家法律、法规的规定在社会上以存款的形式公开吸收公众资金的行为。公众存款是指存款人是不特定的群体的存款，如果存款人只是少数个人或者是特定的范围，则不能认为是公众存款。变相吸收公众存款是指行为人不以存款的名义而是通过其他形式吸收公众资金，从而达到吸收公众存款的目的的行为。如有些单位和个人，未经批准成立各种基金会吸收公众资金，或者以投资、集资入股等名义吸收公众资金，但并不按正常投资的形式分配利润、股息，而是以一定的利息进行支付的行为。

（十一）伪造、变造金融票证罪

《刑法》第一百七十七条规定，有下列情形之一，伪造、变造金融票证的，应追究其刑事责任：

（1）伪造、变造汇票、本票、支票的；

（2）伪造、变造委托收款凭证、汇款凭证、银行存单等其他银行结算凭证的；

（3）伪造、变造信用证或者附随的单据、文件的；

（4）伪造信用卡的。

金融票证主要包括汇票、本票、支票、信用证或者附随的单据、文件、信用卡以及委托收款凭证、汇款凭证、银行存单等其他银行结算凭证等。银行结算凭证是指办理银行结算的凭据和证明，主要有汇票、本票、支票以及委托收款凭证、汇款凭证、进账单等。伪造信用证是指行为人采用描绘、复制、印刷等方法仿照信用证的格式、内容制造假信用证的行为或以其编造、冒用某银行的名义开出假信用证的行为。变造信用证是指行为人在原信用证的基础上，采用涂改、剪贴、挖补等方法改变原信用证的内容和主要条款使其成为虚假的信用证的行为。

对于伪造、变造金融票证罪的追诉标准，2001年最高人民检察院、公安部《关于经济犯罪案件追诉标准的规定》指出，涉嫌下列情形之一的，应予追诉：

（1）伪造、变造金融票证，面额在一万元以上的；

（2）伪造、变造金融票证，数量在十张以上的。

（十二）妨害信用卡管理罪

《刑法》第一百七十七条之一规定，有下列情形之一，妨害信用卡管理的，应追究其刑事责任：

（1）明知是伪造的信用卡而持有、运输的，或者明知是伪造的空白信用卡而持有、运输，数量较大的；

（2）非法持有他人信用卡，数量较大的；

（3）使用虚假的身份证明骗领信用卡的；

（4）出售、购买、为他人提供伪造的信用卡或者以虚假的身份证明骗领的信用卡的。

伪造信用卡是指未经国家主管部门批准的单位或者个人，以营利为目的，非法制造或者发行信用卡的行为。

（十三）窃取、收买、非法提供信用卡信息罪

《刑法》第一百七十七条之一规定，窃取、收买或者非法提供他人信用卡信息资料的，依照前款规定处罚。

（十四）伪造、变造国家有价证券罪

《刑法》第一百七十八条规定，伪造、变造国库券或者国家发行的其他有价证券，数额较大的，应追究其刑事责任。国家发行的其他有价证券是指国家发行的除国库券以外的其他国家有价证券以及国家银行金融债券，如财政债券、国家建设债券、保值公债、国家重点建设债券等。对于伪造、变造国家有价证券罪的

追诉标准，2001年最高人民检察院、公安部《关于经济犯罪案件追诉标准的规定》指出，伪造、变造国库券或者国家发行的其他有价证券，总面额在二千元以上的，应予追诉。

（十五）伪造、变造股票、公司、企业债券罪

《刑法》第一百七十八条规定，伪造、变造股票或者公司、企业债券，数额较大的，应追究其刑事责任。公司、企业债券是指公司、企业依照法定程度发行的、约定在一定期限还本付息的有价证券。对于伪造、变造股票、公司、企业债券罪的追诉标准，2001年最高人民检察院、公安部《关于经济犯罪案件追诉标准的规定》指出，伪造、变造股票或者公司、企业债券，总面额在五千元以上的，应予追诉。

（十六）擅自发行股票、公司、企业债券罪

《刑法》第一百七十九条规定，未经国家有关主管部门批准，擅自发行股票或者公司、企业债券，数额巨大、后果严重或者有其他严重情节的，应追究其刑事责任。对于擅自发行股票、公司、企业债券罪的追诉标准，2001年最高人民检察院、公安部《关于经济犯罪案件追诉标准的规定》指出，涉嫌下列情形之一的，应予追诉：

（1）发行数额在五十万元以上的；

（2）不能及时清偿或者清退的；

（3）造成恶劣影响的。

（十七）内幕交易、泄露内幕信息罪，利用未公开信息交易罪

《刑法》第一百八十条规定，证券、期货交易内幕信息的知情人员或者非法获取证券、期货交易内幕信息的人员，在涉及证券的发行，证券、期货交易或者其他对证券、期货交易价格有重大影响的信息尚未公开前，买入或者卖出该证券，或者从事与该内幕信息有关的期货交易，或者泄露该信息，或者明示、暗示他人从事上述交易活动，情节严重的，应追究其刑事责任。

《中华人民共和国证券法》（以下简称《证券法》）第八十条规定，"重大事件"（即内幕信息）具体指：

（1）公司的经营方针和经营范围的重大变化；

（2）公司的重大投资行为，公司在一年内购买、出售重大资产超过公司资产总额百分之三十，或者公司营业用主要资产的抵押、质押、出售或者报废一次超过该资产的百分之三十；

（3）公司订立重要合同、提供重大担保或者从事关联交易，可能对公司的资产、负债、权益和经营成果产生重要影响；

（4）公司发生重大债务和未能清偿到期重大债务的违约情况；

（5）公司发生重大亏损或者重大损失；

（6）公司生产经营的外部条件发生的重大变化；

（7）公司的董事、三分之一以上监事或者经理发生变动，董事长或者经理无法履行职责；

（8）持有公司百分之五以上股份的股东或者实际控制人持有股份或者控制公司的情况发生较大变化，公司的实际控制人及其控制的其他企业从事与公司相同或者相似业务的情况发生较大变化；

（9）公司分配股利、增资的计划，公司股权结构的重要变化，公司减资、合并、分立、解散及申请破产的决定，或者依法进入破产程序、被责令关闭；

（10）涉及公司的重大诉讼、仲裁，股东大会、董事会决议被依法撤销或者宣告无效；

（11）公司涉嫌犯罪被依法立案调查，公司的控股股东、实际控制人、董事、监事、高级管理人员涉嫌犯罪被依法采取强制措施；

（12）国务院证券监督管理机构规定的其他事项。

《证券法》第八十一条规定，"重大事件"还包括：

（1）公司股权结构或者生产经营状况发生重大变化；

（2）公司债券信用评级发生变化；

（3）公司重大资产抵押、质押、出售、转让、报废；

（4）公司发生未能清偿到期债务的情况；

（5）公司新增借款或者对外提供担保超过上年末净资产的百分之二十；

（6）公司放弃债权或者财产超过上年末净资产的百分之十；

（7）公司发生超过上年末净资产百分之十的重大损失；

（8）公司分配股利，作出减资、合并、分立、解散及申请破产的决定，或者依法进入破产程序、被责令关闭；

（9）涉及公司的重大诉讼、仲裁；

（10）公司涉嫌犯罪被依法立案调查，公司的控股股东、实际控制人、董事、监事、高级管理人员涉嫌犯罪被依法采取强制措施；

（11）国务院证券监督管理机构规定的其他事项。

对于内幕交易、泄露内幕信息罪的追诉标准，2001年最高人民检察院、公安部《关于经济犯罪案件追诉标准的规定》规定，涉嫌下列情形之一的，应予追诉：

（1）内幕交易数额在二十万元以上的；

（2）多次进行内幕交易、泄露内幕信息的；

（3）致使交易价格和交易量异常波动的；

（4）造成恶劣影响的。

（十八）利用未公开信息交易罪

《刑法》第一百八十条规定，证券交易所、期货交易所、证券公司、期货经纪公司、基金管理公司、商业银行、保险公司等金融机构的从业人员以及有关监管部门或者行业协会的工作人员，利用因职务便利获取的内幕信息以外的其他未公开的信息，违反规定，从事与该信息相关的证券、期货交易活动，或者明示、暗示他人从事相关交易活动，情节严重的，应追究刑事责任。

（十九）编造并传播证券、期货交易虚假信息罪

《刑法》第一百八十一条规定，编造并且传播影响证券、期货交易的虚假信息，扰乱证券、期货交易市场，造成严重后果的，应追究其刑事责任。

（二十）诱骗投资者买卖证券、期货合约罪

《刑法》第一百八十一条规定，证券交易所、期货交易所、证券公司、期货经纪公司的从业人员，证券业协会、期货业协会或者证券期货监督管理部门的工作人员，故意提供虚假信息或者伪造、变造、销毁交易记录，诱骗投资者买卖证券、期货合约，造成严重后果的，应追究其刑事责任。

（二十一）操纵证券、期货市场罪

《刑法》第一百八十二条规定，有下列情形之一，操纵证券、期货市场，影响证券、期货交易价格或者证券、期货交易量，情节严重的，应追究其刑事责任：

（1）单独或者合谋，集中资金优势、持股或者持仓优势或者利用信息优势联合或者连续买卖的；

（2）与他人串通，以事先约定的时间、价格和方式相互进行证券、期货交易的；

（3）在自己实际控制的账户之间进行证券交易，或者以自己为交易对象，自买自卖期货合约的；

（4）不以成交为目的，频繁或者大量申报买入、卖出证券、期货合约并撤销申报的；

（5）利用虚假或者不确定的重大信息，诱导投资者进行证券、期货交易的；

（6）对证券、证券发行人、期货交易标的公开作出评价、预测或者投资建议，同时进行反向证券交易或者相关期货交易的；

（7）以其他方法操纵证券、期货市场的。

对于操纵证券、期货交易价格罪的追诉标准，2001年最高人民检察院、公安部《关于经济犯罪案件追诉标准的规定》指出，涉嫌下列情形之一的，应予追诉：

（1）非法获利数额在五十万元以上的；

（2）致使交易价格和交易量异常波动的；

（3）以暴力、胁迫手段强迫他人操纵交易价格的。

（4）虽未达到上述数额标准，但因操纵证券、期货交易价格，受过行政处罚二次以上，又操纵证券，期货交易价格的。

（二十二）背信运用受托财产罪

《刑法》第一百八十五条之一规定，商业银行、证券交易所、期货交易所、证券公司、期货经纪公司、保险公司或者其他金融机构，违背受托义务，擅自运用客户资金或者其他委托、信托的财产，情节严重的，应追究其刑事责任。

（二十三）违法发放贷款罪

《刑法》第一百八十六条规定，银行或者其他金融机构的工作人员违反国家规定发放贷款，数额巨大或者造成重大损失的，应追究其刑事责任。银行或者其他金融机构的工作人员违反国家规定，向关系人发放贷款的，依照前款的规定从重处罚。

关系人是指商业银行的董事、监事、管理人员、信贷业务人员及其近亲属；前项所列人员投资或者担任高级管理职务的公司、企业和其他经济组织。

对于违法向关系人发放贷款罪的追诉标准，2001年最高人民检察院、公安部《关于经济犯罪案件追诉标准的规定》指出，涉嫌下列情形之一的，应予追诉：

（1）个人违法向关系人发放贷款，造成直接经济损失数额在十万元以上的；

（2）单位违法向关系人发放贷款，造成直接经济损失数额在三十万元以上的。

（二十四）吸收客户资金不入账罪

《刑法》第一百八十七条规定，银行或者其他金融机构的工作人员吸收客户资金不入账，数额巨大或者造成重大损失的，应追究其刑事责任。本罪有以下特征：行为人以牟利为目的，采取吸收客户的资金不入账的方式，将资金用于非法拆借、发放贷款等行为。吸收客户的资金不入账的方式是指违反金融法律法规，对收受客户的存款资金不如实记入银行或者其他金融机构法定存款账目，账目上反映不出这笔新增存款业务，或者与出具给储户的存单、存折上的记载不相符。对于用账外客户资金非法拆借、发放贷款罪的追诉标准，2001 年最高人民检察院、公安部《关于经济犯罪案件追诉标准的规定》指出，涉嫌下列情形之一的，应予追诉：

（1）个人用账外客户资金非法拆借、发放贷款，造成直接经济损失数额在五十万元以上的；

（2）单位用账外客户资金非法拆借、发放贷款，造成直接经济损失数额在一百万元以上的。

（二十五）违规出具金融票证罪

《刑法》第一百八十八条规定，银行或者其他金融机构的工作人员违反规定，为他人出具信用证或者其他保函、票据、存单、资信证明，情节严重的，应追究其刑事责任。构成本条第一款罪的行为人必须有违反规定，为他人出具信用证或者其他保函、票据、存单、资信证明的行为。本条所说的违反规定，是指违反了有关金融法律、行政法规、规章以及银行金融机构内部制定的一些重要业务规则和规章制度。

对于非法出具金融票证罪的追诉标准，2001 年最高人民检察院、公安部《关于经济犯罪案件追诉标准的规定》指出，涉嫌下列情形之一的，应予追诉：

（1）个人违反规定为他人出具金融票证，造成直接经济损失数额在十万元以上的；

（2）单位违反规定为他人出具金融票证，造成直接经济损失数额在三十万元以上的。

（二十六）对违法票据承兑、付款、保证罪

《刑法》第一百八十九条规定，银行或者其他金融机构的工作人员在票据业务中，对违反票据法规定的票据予以承兑、付款或者保证，造成重大损失的，应追究其刑事责任。对于违法票据承兑、付款、保证罪的追诉标准，2001 年最高人民检察院、公安部《关于经济犯罪案件追诉标准的规定》指出，涉嫌下列情形

之一的，应予追诉：

（1）个人对违反票据法规定的票据予以承兑、付款、保证，造成直接经济损失数额在五十万元以上的；

（2）单位对违反票据法规定的票据予以承兑、付款、保证，造成直接经济损失数额在一百万元以上的。

（二十七）逃汇罪

《刑法》第一百九十条规定，公司、企业或者其他单位，违反国家规定，擅自将外汇存放境外，或者将境内的外汇非法转移到境外，情节严重的，应追究其刑事责任。根据本条规定，逃汇罪包含两种情况。

第一种情况是，根据《中华人民共和国外汇管理条例》第九条规定，境内机构、境内个人的外汇收入可以调回境内或者存放境外；调回境内或者存放境外的条件、期限等，由国务院外汇管理部门根据国际收支状况和外汇管理的需要作出规定。所以外汇在境外的存放条件必须按照国务院外汇管理部门制定的相关规定为标准，否则有可能构成逃汇罪。

需要注意的是，在1997年的刑法中，首次将逃汇罪作为单独罪名规定，内容上，参照了当时的《外汇管理规定》，将"擅自将外汇存放境外，或者将境内的外汇非法转移到境外"两种行为规定为刑事犯罪。但是，2008年《外汇管理条例》取消了强制结汇的要求，从原版本规定的"境内机构的经常项目外汇收入必须调回境内"以及"境内机构的经常项目外汇收入应当卖给外汇指定银行，或者经批准在外汇指定银行开立外汇账户"调整为"境内机构、境内个人的外汇收入可以调回境内或者存放境外"以及"经常项目外汇收入，可以按照国家有关规定保留或者卖给经营结汇、售汇业务的金融机构"，这就意味着，刑法所规定的，公司企业"擅自将外汇存放境外"的行为描述，已经与当前的外汇管理规定不相适应，大量国内贸易的企业，赚取外汇收入后，会存入香港的离岸公司账户内，或者直接在当地的金融机构、兑换店铺等结汇，或者直接用于贸易成本的支付手段，这些行为，如果是强制结汇制度下，可能会被认定为"擅自将外汇存于境外"或者"不按国家规定将外汇卖给指定银行"，但是在2008年新的《外汇管理条例》实施后，服务、货物贸易的经常项目外汇收入，企业可以自行选择存放境外或者使用、结汇。因此，刑法中关于"擅自将外汇存放境外"，已经不能再一刀切地认为一定是构成逃汇罪。

第二种情况是，公司、企业或者其他单位，违反国家规定，将境内的外汇非法转移到境外，数额较大的，依法追究刑事责任。对于逃汇罪的追诉标准，2001年最高人民检察院、公安部《关于经济犯罪案件追诉标准的规定》指出，公司、企业或者其他单位，违反国家规定，擅自将外汇存放境外，或者将境内的外汇非法转移到境外，单笔或者累计数额在五百万美元以上的，应予追诉。

（二十八）骗购外汇罪

《全国人大常委会关于惩治骗购外汇、逃汇和非法买卖外汇犯罪的决定》规定，有下列情形之一，骗购外汇，数额较大的，应追究其刑事责任：

（1）使用伪造、变造海关签发的报关单、进口证明、外汇管理部门核准件等凭证和单据的；

（2）重复使用海关签发的报关单、进口证明、外汇管理部门核准件等凭证和单据的；

（3）以其他方式骗购外汇的。

伪造、变造海关签发的报关单、进口证明、外汇管理部门核准件等凭证和单据，并用于骗购外汇的，依照前款的规定从重处罚。明知用于骗购外汇而提供人民币资金的，以共犯论处。

（二十九）洗钱罪

《刑法》第一百九十一条规定，为掩饰、隐瞒毒品犯罪、黑社会性质的组织犯罪、恐怖活动犯罪、走私犯罪、贪污贿赂犯罪、破坏金融管理秩序犯罪、金融诈骗犯罪的所得及其产生的收益的来源和性质，有下列行为之一的，没收实施以上犯罪的所得及其产生的收益，处五年以下有期徒刑或者拘役，并处或者单处罚金；情节严重的，处五年以上十年以下有期徒刑，并处罚金：

（1）提供资金账户的；

（2）将财产转换为现金、金融票据、有价证券的；

（3）通过转账或者其他支付结算方式转移资金的；

（4）跨境转移资产的；

（5）以其他方法掩饰、隐瞒犯罪所得及其收益的来源和性质的。

二、典型案例

破坏金融管理秩序罪覆盖犯罪活动太广且性质不一，很难有有效的洗钱特征覆盖到该节罪的所有罪名。这里以非法吸收公众存款罪为例，被告人陈某系宁波某文化投资有限公司的法定代表人，也是公司实际控制人。2015年6月和2016年3月，陈某设立上海分公司和舟山定海分公司后，即以上述公司的名义，在未经金融等相关部门批准的情况下，组织人员通过打电话、发传单等方式公开宣传，以高息返利为诱饵，吸引被害人前往上述公司购买理财产品。陈某还开设素食馆，免费向公众提供餐食，并在公司内摆放佛像，打造自己潜心礼佛、常行善事的形象，借此取得老年投资者的信任。

陈某宣称投资款用于农林、影视、养老等项目，以与投资人签订个人出借咨询与服务协议等形式，向社会公众非法募集资金，集资款被其用于兑付投资人本息、公司运营、部分项目投资等。2017年，陈某还注册成立宁波某养老服务有限公司，开办宁波某助老服务中心，免费为老年人提供学习、娱乐、健身等服务，借此吸引投资者。后因资金链断裂，养老项目不了了之，其余农林、影视等项目均烂尾。截至2018年11月，陈某利用上述公司非法募集资金1.58亿余元，支付投资人本息合计1.24亿余元，未兑付共计3300万余元。其中已报案投资人120余人，造成损失1600万余元。120余名投资人中有108人系老年人。此外，2014年8月开始，陈某明知虞某（已判刑）从事非法集资活动，仍以无息借款为由，向虞某提供资金账户用于转移非法集资款。截至2018年8月，陈某帮助虞某转移犯罪所得共计4300万余元。其中，1900万余元陆续又以还款之名交还虞某，其余款项则被陈某用于兑付投资人本息、公司运营等。

法院审理后认为，被告人陈某伙同他人违反国家金融管理法规，以高回报率为诱饵，向社会公众非法吸收资金，数额巨大，扰乱金融秩序，其行为已构成非法吸收公众存款罪。被告人陈某明知是他人金融诈骗犯罪所得的财产，为掩饰、隐瞒其来源和性质，提供资金账户，以借款形式协助转移资金，其行为已构成洗钱罪。被告人陈某一人犯数罪，依法应当数罪并罚。法院依法作出上述判决。由此可知，涉嫌集资的违法犯罪活动通常具有以下特征：

（1）交易总额通常巨大；

（2）客户群体多为老人、妇女等；

（3）善于包装，以投资理财为名，许以高额回报；

（4）利用多种方式转移资金，有意规避资金监测特征明显，账户分工明确，交易特征明显，收款账户、中转账户、返款账户各不相同。

第七节　金融诈骗犯罪

一、法律规定

金融诈骗罪是指我国《刑法》第三章"破坏社会主义市场经济秩序罪"中第五节的罪名，从第一百九十二条至第二百条规定了以下8种罪名。

（一）集资诈骗罪

《刑法》第一百九十二条规定，以非法占有为目的，使用诈骗方法非法集资，数额较大的，追究刑事责任。诈骗方法是指行为人采取虚构集资用途，以虚假的证明文件和高回报率为诱饵，骗取集资款的手段。非法集资是指法人、其他组织或者个人，未经有关机关批准，向社会公众募集资金的行为。

《最高人民法院关于审理非法集资刑事案件具体应用法律若干问题的解释》第七条在《最高人民法院关于审理诈骗案件具体应用法律的若干问题的解释》《全国法院审理金融犯罪案件工作座谈会纪要》等相关规定的基础上，结合当前审判工作实际规定了8种可以认定为"以非法占有为目的"的具体情形：

（1）集资后不用于生产经营活动或者用于生产经营活动与筹集资金规模明显不成比例，致使集资款不能返还的；

（2）肆意挥霍集资款，致使集资款不能返还的；

（3）携带集资款逃匿的；

（4）将集资款用于违法犯罪活动的；

（5）抽逃、转移资金、隐匿财产，逃避返还资金的；

（6）隐匿、销毁账目，或者搞假破产、假倒闭，逃避返还资金的；

（7）拒不交代资金去向，逃避返还资金的；

（8）其他可以认定非法占有目的的情形。

（二）贷款诈骗罪

《刑法》第一百九十三条规定，有下列情形之一，以非法占有为目的，诈骗银行或者其他金融机构的贷款，数额较大或者有其他严重情节的，应追究刑事责任：

（1）编造引进资金、项目等虚假理由的；

（2）使用虚假的经济合同的；

（3）使用虚假的证明文件的；

（4）使用虚假的产权证明作担保或者超出抵押物价值重复担保的；

（5）以其他方法诈骗贷款的。

罪名规定中的"其他严重情节"是指：

（1）为骗取贷款，向银行或者金融机构的工作人员行贿，数额较大的；

（2）挥霍贷款，或者用贷款进行违法活动，致使贷款到期无法偿还的；

（3）隐匿贷款去向，贷款期限届满后，拒不偿还的；

（4）提供虚假的担保申请贷款，贷款期限届满后拒不偿还的；

（5）假冒他人名义申请贷款，贷款期限届满后，拒不偿还的。

（三）票据诈骗罪、金融凭证诈骗罪

《刑法》第一百九十四条规定，有下列情形之一，进行金融票据诈骗活动，数额较大的，应追究刑事责任：

（1）明知是伪造、变造的汇票、本票、支票而使用的；

（2）明知是作废的汇票、本票、支票而使用的；

（3）冒用他人的汇票、本票、支票的；

（4）签发空头支票或者与其预留印鉴不符的支票，骗取财物的；

（5）汇票、本票的出票人签发无资金保证的汇票、本票或者在出票时作虚假记载，骗取财物的。

使用伪造、变造的委托收款凭证、汇款凭证、银行存单等其他银行结算凭证的，依照前款的规定处罚。

本条规定的两种诈骗罪本质上是两种特殊形式的诈骗罪，比普通诈骗罪危害性更大。票据诈骗罪表现为利用金融票据进行诈骗活动，且数额较大的行为。金融票据是指依照法定样式签发和流通的汇票、本票和支票，都是属于经济交往中的信用支付工具或手段。本条列举了利用金融票据进行诈骗的几种具体行为。金融凭证诈骗罪是指使用伪造、变造的委托收款凭证、汇款凭证、银行存单等其他银行结算凭证，进行诈骗财物的行为。

（四）信用证诈骗罪

《刑法》第一百九十五条规定，有下列情形之一，进行信用证诈骗活动的，应追究刑事责任：

（1）使用伪造、变造的信用证或者附随的单据、文件的；

（2）使用作废的信用证的；

（3）骗取信用证的；

（4）以其他方法进行信用证诈骗活动的。

（五）信用卡诈骗罪、盗窃罪

《刑法》第一百九十六条规定，有下列情形之一，进行信用卡诈骗活动，应追究刑事责任：

（1）使用伪造的信用卡，或者使用以虚假的身份证明骗领的信用卡的；

（2）使用作废的信用卡的；

（3）冒用他人信用卡的；

（4）恶意透支的。

前款所称恶意透支，是指持卡人以非法占有为目的，超过规定限额或者规定期限透支，并且经发卡银行催收后仍不归还的行为。

盗窃信用卡并使用的，依照本法第二百六十四条的规定定罪处罚。

信用卡诈骗的具体方式有以下几种：

（1）使用伪造的信用卡。包括使用自己伪造的信用卡，以及使用明知是他人伪造的信用卡进行购物、取得服务或者提取现金。

（2）使用作废的信用卡。信用卡可以因超过有效期、被挂失等原因而作废，而不允许使用。

（3）冒用他人的信用卡。冒充合法持卡人使用他人的信用卡进行诈骗活动，就是信用卡诈骗。

（4）恶意透支。所谓恶意透支，是指持卡人以非法占有为目的，超过规定限额或者期限透支，并经发卡银行催收后仍不归还的行为。数额较大指的数额标准为5000元。

（六）有价证券诈骗罪

《刑法》第一百九十七条规定，使用伪造、变造的国库券或者国家发行的其他有价证券，进行诈骗活动，数额较大的，应追究刑事责任。有价证券必须以财产权利为内容，并以一定的票面货币价值加以表示。国库券、存单、汇款单、支票、股票、债券等均属于有价证券。变造国家有价证券是指以真实有效的有价证券为基础，采用涂改、挖补等方式，改变真实有效证券的日期、面值的行为。伪造国家有价证券是指仿造真实有效的有价证券的形状、大小、图案、字样制作的假的有价证券。

（七）保险诈骗罪

《刑法》第一百九十八条规定，有下列情形之一，进行保险诈骗活动，数额较大的，应追究刑事责任：

（1）投保人故意虚构保险标的，骗取保险金的；

（2）投保人、被保险人或者受益人对发生的保险事故编造虚假的原因或者夸大损失的程度，骗取保险金的；

（3）投保人、被保险人或者受益人编造未曾发生的保险事故，骗取保险金的；

（4）投保人、被保险人故意造成财产损失的保险事故，骗取保险金的；

（5）投保人、受益人故意造成被保险人死亡、伤残或者疾病，骗取保险金的。

保险事故的鉴定人、证明人、财产评估人故意提供虚假的证明文件，为他人诈骗提供条件的，以保险诈骗的共犯论处。投保人故意虚构保险标的是指投保人违背法律关于诚实信用的原则，在与他人订立保险合同时，故意虚构保险标的的行为。虚构保险标的是指投保人为骗取保险金，虚构了一个根本不存在的保险对象与保险人订立保险合同的行为。故意造成财产损失的保险事故是指投保财产险的投保人、被保险人，在保险合同的有效期内，故意人为地制造保险标的出险的保险事故，造成财产损失，从而骗取保险金的行为。

二、洗钱行为在金融诈骗案件中的特点

（一）金融系统仍是我国洗钱犯罪的主要场所

金融机构是洗钱的易发、高危场所。虽然随着我国金融机构反洗钱内控制度的不断健全，通过金融机构进行洗钱有着被监控、揭露、打击的风险，但是金融系统相对其他洗钱途径来说又有着损耗少、速度快等特点，特别是由于金融全球化、网络化、一体化趋势的不断加强，洗钱者将会更多地利用金融系统从事洗钱活动。

（二）洗钱活动职业化和团伙化

洗钱行为包括上游犯罪（金融诈骗犯罪等）和下游犯罪（洗钱犯罪），所以

犯罪分子通常会采取有组织的集团犯罪来进行洗钱。例如，犯罪团伙可能网罗了包括银行客户经理、企业财务人员、公司负责人等熟悉银行经营活动、印鉴和账户管理、企业财务管理的人员，进行了周密的组织和策划，分别负责拉客户、伪造印鉴和存单联系银行开立账户、转移资金或取现，呈现出职业化和团伙化特点，形成票据印制、实施诈骗和洗钱等犯罪活动的一条龙作业。

（三）手段多样化、隐蔽化

随着打击洗钱力度不断加大，洗钱者为了使洗钱行为得逞，其洗钱手段日趋隐蔽并呈多样化发展。例如，有的犯罪团伙会采取成立前台公司进行投资、购买基金、提取现金、转账、通过地下钱庄转移至国外等方式进行洗钱。同时，犯罪分子还利用网上支付快捷方便的特点，将部分诈骗所得资金通过网上银行迅速进行转移。由于网上银行具有快速、无纸化、容量大等特征，而且无法确知客户的真实身份和地址，难以追赃，借此犯罪分子成功实施洗钱。

（四）通过银行的支付结算体系洗钱呈发展趋势

使用票据结算和转账结算是结算发展的趋势。由于在我国注册各类企业并开立银行账户比较容易，有些专门为转移资金而成立的公司或开立的账户屡见不鲜。在现金使用越来越少的将来，通过银行的支付结算系统短期内转移巨额资金并使之从形式上合法化，无疑是洗钱分子的首要选择[①]。

---

①张远国.洗钱行为在金融诈骗案件中的特点及防范对策[J].西南金融，2008（2）：10-12.

下篇　规控论

　　洗钱犯罪的预防是一个综合多种力量，运用多种手段，采取多种措施，以防止和减少洗钱犯罪及其重新犯罪的举措体系。

　　1976年，布兰廷汉姆与福斯特借鉴医学上的流行病理学理论将犯罪预防分为初级预防、二级预防和三级预防。本书以该观点为主要思路，在第六章、第七章和第八章对洗钱犯罪预防进行了系统分析。

第六章　洗钱犯罪初级预防体系

洗钱犯罪初级预防体系是指一般人群或场所，在洗钱犯罪发生之前针对潜在的犯罪因素采取的各种措施。

第一节　金融运行中的反洗钱监管

在洗钱犯罪中，由于大多数国家对现金的流通都有限制，所以绝大多数的洗钱资金都会在银行间流转，无论洗钱者运用何种洗钱方式，都离不开金融机构和金融运行这一关键环节。而在洗钱犯罪初级预防体系中，想要通过环境设计预防洗钱犯罪，就要将重点放在金融环境上，通过建立和完善相关的金融制度及政策，从根本上达到预防和遏制洗钱的目的。金融机构在日常工作中主要通过执行客户尽职调查制度、客户身份资料及交易记录保存制度、大额交易报告制度和可疑交易报告制度四个制度来履行反洗钱监管的义务。随着《中华人民共和国个人信息保护法》的出台和《中华人民共和国反洗钱法（修订草案公开征求意见稿）》（以下简称《意见稿》）的公布，为反洗钱提供多元化的合法性法理基础，相应地，也要求金融机构对履行反洗钱义务的管控更细致。

一、客户尽职调查制度

（一）客户尽职调查制度概述

客户尽职调查制度是《意见稿》中对《反洗钱法》中客户身份识别制度的升级，因此，在了解客户尽职调查之前，就需要了解客户身份识别制度。

1.客户身份识别制度的历史沿革

客户身份识别制度也称了解你的客户原则。巴塞尔银行法规与监管实践委员会于1998年12月发表的《关于防止犯罪分子利用银行系统洗钱的声明》，最早把该原则作为一项反洗钱的基本原则①。该制度是金融机构在与客户建立业务关系或者为客户提供规定金额以上的现金汇款、现钞兑换、票据兑付等一次性金融服务时，要求客户出示真实有效的身份证件或者其他身份证明文件，进行核对并登记，且不为身份不明的客户提供服务等的制度。

在我国过去的很长一段时间里，客户身份识别并不是金融机构的一项法定义务。与客户身份识别有关的规定最早出现于2000年3月20日，国务院颁布的《个人存款账户实名制规定》，这部法规规定的个人存款账户实名制是客户身份识别制度的雏形，但该法规定适用范围较窄，尚不能被视为专门的反洗钱法规。中国人民银行2003年1月3日发布《金融机构反洗钱规定》（已废止）要求，金融机构应建立客户身份登记制度，审查在本机构办理存款、结算等业务的客户的身份。在我国立法上，第一次明确提出客户身份识别制度的是《反洗钱法》，该法于2006年10月31日由全国人民代表大会常务委员会通过。《反洗钱法》正式在法律上确立了反洗钱的客户身份识别制度。2007年6月21日，中国人民银行、中国银行业监督管理委员、中国证券监督管理委员会、中国保险监督管理委员会联合发布《金融机构客户身份识别和客户身份资料及交易记录保存管理办法》，这一部门规章对客户身份识别制度进行了细化处理。值得注意的是，2021年6月1日中国人民银行发布了关于《意见稿》公开征求意见的通知。该通知表明《反洗钱法》的修改工作已列入全国人大常委会2021年度立法工作计划。

2.客户身份识别制度的概念

客户身份识别制度是对负有反洗钱义务的金融机构的客户身份识别工作进行规范的法律制度。需要注意的是，"客户身份识别"一词在词义上不能涵盖这一制度的全部外延，由此也导致很多误解发生。对客户身份识别制度的误解源于对"身份"这个中文词汇的理解。《现代汉语词典》（第7版）对"身份"一词的释

①刘连舸，欧阳卫民.金融运行中的反洗钱[M].北京：中国金融出版社，2007：97.

义有三种：①指自身所处的地位；②指表现出某种身份的姿态；③指受人尊重的地位。然而，《现代汉语词典》对"身份"一词的三种解释都不能完美诠释本制度中"身份"一词的准确含义。一方面，本制度中的身份是指代表个体特征的信息。这些信息中必须有能区分个体的信息。所谓能区分个体的信息，是指标识个体唯一性的信息，即每个个体都拥有的，且不与其他个体同类信息重合的信息。身份信息包括固定信息和可变信息。固定信息是与一个人的出生相关联的信息，包括性别、身份证件的号码、民族等信息，其中，身份证件的号码就是能够区分个体的身份信息；可变信息是指住址、年龄、资产、职业、行业等信息。另一方面，身份的含义不限于代表个体特征的信息。客户身份识别制度是国际上普遍采用的一项反洗钱标准。该制度不仅要求金融机构了解客户的固定信息，还要求金融机构了解客户更多的可变信息。因此，在适用我国反洗钱法律制度时，应当对客户身份识别作全面的理解和解释。

在"客户身份识别"一词的外延上扩大客户身份识别制度的适用范围，有助于解释反洗钱法律制度条文间的逻辑关系，同时反洗钱法律制度条文之间的逻辑关系也反证了"客户身份识别"在外延上的扩大，符合立法的本意。客户身份识别如果只限于了解客户语言学上的"身份"，就无法解释《反洗钱法》第三十二条的法律责任问题。该条要求金融机构及其工作人员对不按规定履行客户身份识别义务所导致的洗钱后果承担责任。不履行客户身份识别义务与洗钱后果之间的因果联系并不是直接的，即便金融机构没有对客户进行身份识别，也不能得出客户一定会洗钱的结论。再进一步说，即使金融机构已经了解了客户语言学意义上的身份，仍不足以确保客户不从事洗钱活动。识别客户语言学意义上的身份与洗钱后果之间无直接的因果关系，在学理上，法律不能要求一个人对与他的行为无因果关系的后果承担责任，如果法律要求金融机构对洗钱后果负责，逻辑前提必须是金融机构有义务了解客户的业务，包括对客户风险的判断。

3.客户尽职调查制度的概念

《金融机构客户尽职调查和客户身份资料及交易记录保存管理办法》第三条和《意见稿》第二十八条，规定了"客户尽职调查制度"，这一制度是我国金融机构在客户身份识别制度的操作中总结出来的新的制度内容。

客户通常是指接受金融机构提供服务的自然人和非自然人。基于代理关系和法律拟制主体问题，客户身份识别中被识别的对象不限于客户本人。

客户尽职调查是指金融机构在与客户建立业务关系或者为客户提供规定金额以上的现金汇款、现钞兑换、票据兑付等一次性金融服务时，应当识别并核实客户身份，了解客户建立业务关系和交易的目的和性质、资金的来源和用途，识别并采取合理措施核实客户和交易的受益所有人的操作。

客户尽职调查包括但不限于以下几个方面的工作：第一，识别客户身份，并通过来源可靠、独立的证明材料、数据或者信息核实客户身份；第二，了解客户建立业务关系和交易的目的和性质，并根据风险状况获取相关信息；第三，对于洗钱或者恐怖融资风险较高的情形，了解客户的资金来源和用途，并根据风险状况采取强化的尽职调查措施；第四，在业务关系存续期间，对客户采取持续的尽职调查措施，审查客户状况及其交易情况，以确认为客户提供的各类服务和交易符合金融机构对客户身份背景、业务需求、风险状况以及对其资金来源和用途等方面的认识；第五，对于客户为法人或者非法人组织的，识别并采取合理措施核实客户的受益所有人。

从《意见稿》的规定可以看出，客户尽职调查制度在内涵和外延上都远大于客户身份识别制度。

4.客户尽职调查制度存在的意义

（1）客户尽职调查制度能够遏制不法客户的洗钱冲动。反洗钱法的立法目的包括预防洗钱活动和遏制洗钱犯罪。不法分子总是希望隐藏自己的身份，不希望被国家机关查获。传统的洗钱方式比较多地使用现金，现代的金钱流动则更多地依赖于金融体系。洗钱行为人无法逃避现代金融支付所带来的便利，但隐藏自己身份的企图是一贯的。洗钱活动从采用人工方式搬运现金、藏匿现金，更多地变为通过金融支付体系进行转移和藏匿。因此，要达到预防和遏制洗钱活动的目的，就需要金融机构提供更多的配合。这对现代金融体系而言也是一个挑战，其中，有效的应对办法即是查明和记载客户的身份。客户尽职调查制度要求客户在金融机构面前必须提供真实、有效的身份证明，对于心存不法目的的客户，尽职调查能使其立现原形，这本身就是一种震慑。

（2）客户尽职调查制度是对洗钱行为和洗钱可疑交易行为进行回溯调查的基础。预防洗钱活动和遏制洗钱犯罪，需要对洗钱活动进行打击，通过打击现行的洗钱行为，对未来的洗钱行为进行警示，促使那些已有犯罪意图但尚未付诸实施的人及时收手，进而达到预防和遏制洗钱活动的目的，这是反洗钱立法的本意。打击洗钱活动的前提是需要知道洗钱行为人到底是谁，需要知道洗钱行为人的交易对象是谁。科技发展成果在金融支付领域的应用不断深入，资金跨境流动越发频繁，现代金融关系的链条也越来越复杂，洗钱行为人能通过各种复杂的操作掩饰其真实目的。对交易行为进行回溯，查找每个环节的行为主体是打击洗钱活动的基本方法。通过逐级回溯，掌握洗钱行为人的身份和交易特征，这些工作无不需要利用身份识别工作的成果。没有客户尽职调查制度，打击洗钱活动的工作就缺少了方向。

（3）客户尽职调查制度是实施其他反洗钱管理措施的一项基础性工作。金融机构在与客户的业务关系存续期间，需要持续对客户实施反洗钱管理措施，如客户风险评级、交易监测、交易限制措施、可疑交易报送等工作，这些措施都需要客户尽职调查制度的支持。

（4）客户尽职调查制度是提升和维护金融机构自身声誉的重要工作。反洗钱工作的成效是评价金融机构声誉的重要指标，吸引高质量客户、维护与高质量客户的业务关系是很多金融机构的目标。如果客户身份识别工作出现缺失，则易被高风险客户所利用，这必将影响金融机构的整体声誉，反之则能更好地维护金融机构整体声誉。

（二）客户尽职调查制度的分类

根据《金融机构客户身份识别和客户身份资料及交易记录保存管理办法》的规定，我国客户尽职调查制度分为客户身份初次识别、持续识别和重新识别三类。

1. 客户身份初次识别

客户身份初次识别是指金融机构在客户第一次办理金融业务时，对客户身份进行的识别。比如《金融机构客户尽职调查和客户身份资料及交易记录保存管理办法》第九条规定，开发性金融机构、政策性银行、商业银行、农村合作银行、农村信用合作社、村镇银行等金融机构和从事汇兑业务的机构在办理开立账户业务等时，应当开展客户尽职调查，并登记客户身份基本信息，留存客户有效身份证件或者其他身份证明文件的复印件或者影印件。

2. 客户身份持续识别

客户身份持续识别是指金融机构在与客户的业务关系存续期间，在客户身份信息没有发生重大变化的情况下对客户再次进行身份识别。比如《金融机构客户身份识别和客户身份资料及交易记录保存管理办法》第十八条、第十九条和《支付机构反洗钱和反恐怖融资管理办法》第二十条、第二十一条、二十二条关于客户基本信息定期审核的规定、关于持续关注客户业务的规定即属于客户身份持续识别。

3. 客户身份重新识别

客户身份重新识别是指金融机构在与客户的业务关系存续期间，因对先前获得的客户身份资料的真实性、有效性或者完整性有疑问而再次进行的身份识别。比如，客户重要的身份信息可能发生变化、客户重要的身份信息与初次识别所获取的信息不同、客户的行为与其身份不符。客户重要的身份信息是指对判定客户身份的真实性以及身份的前后一致性有重大影响的身份信息。

（三）客户尽职调查制度的操作流程

根据《反洗钱法》第十六条和《意见稿》第二十八条规定，客户尽职调查的步骤可以概括为询问、核对、查验、记录、留存。

1. 询问

询问就是金融机构在客户办理金融业务时，了解客户和受益人的姓名、名称，了解客户建立业务关系和交易的目的和性质、资金的来源和用途、所办理的业务种类的过程。通过询问可以判断相关业务是否由客户本人办理、是否存在代理关系、客户与受益人之间的关系、申请的是否为高风险业务、是否有行为异常等情况。

被询问的人是客户本人或者是其代理人。非自然人办理业务的，必须通过法定代表人（负责人）或者代理人办理。在通过代理人办理业务的场合，被询问者就是代理人。在对非自然人客户的代理人进行询问时，根据风险高低，还需要测试代理人对非自然人业务、架构、高级管理层等情况的熟悉程度。

2.核对

核对就是金融机构在客户办理金融业务时，要求客户出示本人的身份证件及对身份证件与本人外貌是否相符进行核对的过程。对身份证件与本人外貌是否相符进行核对的过程也就是通常所说的"人证比对"，即人证符合性判断。"人证比对"的前提是客户身份证件的类型必须是法定的，目的是确保证件的权威性和准确性。"人证比对"不仅适用于自然人的身份证件，在对非自然人的代理人的身份进行核对时，也应当适用"人证比对"。

有效的身份证件必须是由具备法定职责的国家机关签发，用于核对的身份证件也必须是原件。在学理上，身份证件的正本或者副本具有同等的证明力。在按照规定应当出示正本的场合，应核对正本。《人民币银行结算账户管理办法》第十七条，要求申请开立基本存款账户的企业法人、非企业法人、个体工商户等，应向银行出具营业执照正本等材料。

3.查验

查验就是金融机构在客户办理金融业务时，验证客户所提供的本人身份证件是否真实的过程。

需要指出的是，判断身份证件真伪是一项专门的工作，目前除了银行业金融机构和支付机构的网络支付业务，多数规范性文件并无对身份证件真伪进行查验的强制性规定。《反洗钱法》第十八条规定，金融机构进行客户身份识别，认为必要时，可以向公安、工商行政管理等部门核实客户的有关身份信息。《意见稿》第三十条规定，金融机构进行客户尽职调查，可以向公安、市场监督管理、民政、税务、移民管理等部门依法核实客户的身份等有关信息。

一般来说，需要查验的证件也就是在进行客户尽职调查时客户应当提供的证件，具体如下：

（1）客户本人的证件。目前，自然人的身份证件和非自然人的身份证件查验的规定不同。对非自然人的身份证件，除企业的证件外，没有可供查验的统一的外部系统，无强制查验的规定。如果客户的身份证件是居民身份证且在银行业金融机构办理业务，应通过联网核查公民身份信息系统进行核查，其他机构自愿。在支付机构的网络支付业务中，要求对开立支付账户的自然人客户的身份证件通过外部渠道进行验证。

（2）自然人客户代理人的身份证件。面对面的业务并无强制查验代理人身份证件的规定，网络支付业务一般为非面对面业务，推定为本人亲自办理，不存在代理问题。但通过代理人在银行业金融机构办理业务的，且代理人身份证件为居民身份证的，应当通过联网核查公民身份信息系统进行核查，其他机构自愿。

（3）法定代表人（负责人）的身份证件。法律法规、规章及多数规范性文件并未要求提交法定代表人（负责人）的身份证件，一般情况下无从查验。

（4）非自然人客户业务经办人的身份证件。在银行业金融机构办理业务，且代理人身份证件为居民身份证的，应当通过联网核查公民身份信息系统进行核查，其他机构自愿。

（5）受益人的身份证件。对保险业务、信托业务中的受益人、保险合同中的被保险人、退保申请人的身份证件及其他身份证明文件进行核对并登记。

4. 记录

记录就是金融机构在客户办理金融业务时，按照规定登记客户的身份信息的过程。需要记录的客户身份基本信息应当录入系统或者工作文件。记录客户身份信息，好比是给客户"画像"。客户身份信息记录的项目越多，"像素"也就越高，清晰度越好，对客户身份识别工作越有利。按照规定需要记录的客户身份信息是按照最小化原则处理后的身份基本信息，不能缺少。在这些身份基本信息之外，金融机构记录客户的其他身份信息是应当受到鼓励的。但若记录的身份信息过多，会降低工作的效率，造成资源的浪费。

5. 留存

留存就是金融机构在客户办理金融业务时，按照规定将客户身份证件进行复印并保存的过程。复印可以是纸质件的复印件，也可以是证件原件的电子影像。需要留存的客户身份证件不限于客户本人，某些情形下还包括代理人、经办人、法定代表人（负责人）、关系人。应当注意的是，在需要查验的身份证件中，某些证件虽然没有强制留存的要求，但留存证件也不违反规定。非自然人客户的经办人证件应当对作为代理人的身份证件进行查验，但多数规范性文件都没有明确要求留存。

需要留存的客户身份证件的种类如下：

（1）客户本人证件。

（2）自然人客户代理人的证件。关于是否需要留存自然人客户代理人的身份证件，规范性文件之间的规定存在不同。《金融机构客户身份识别和客户身份资料及交易记录保存管理办法》没有明确要求必须留存，《支付机构反洗钱和反恐怖融资管理办法》第十五条要求留存代理他人购买预付卡的代理人的身份证件的复印件或者影印件。

（3）法定代表人（负责人）证件。关于法定代表人（负责人）的身份证件是否需要留存的问题，《金融机构客户身份识别和客户身份资料及交易记录保存管理办法》和《支付机构反洗钱和反恐怖融资管理办法》没有明确要求。《银行卡收单业务管理办法》第九条要求收单机构应当对特约商户实行实名制管理，严格审核特约商户的营业执照等证明文件，以及法定代表人或负责人有效身份证件等申请材料；第十四条要求对特约商户申请材料、资质审核材料、受理协议、培训和检查记录、信息变更、终止合作等档案资料，收单机构应当至少保存至收单服务终止后5年。因此，可以认为，要求留存法定代表人（负责人）的身份证件。

（4）单位经办人身份证件。关于留存单位经办人身份证件的规定可参见《支付机构反洗钱和反恐怖融资管理办法》第五十一条规定，个体工商户的有效身份证件，包括营业执照、经营者或授权经办人员的有效身份证件。也就是说，经办人员的有效身份证件是个体工商户的有效身份证件之一，按照留存单位身份证件的要求，应留存。

（5）受益人的证件。需要留存的客户关系人的证件如下：被保险人。适用情形为规定金额以上的保险合同订立和保险赔偿；人身保险合同中法定继承人以外的指定受益人的身份证件。适用情形为规定金额以上的保险合同订立；受益人的有效身份证件。适用情形为规定金额以上的保险赔付；信托受益人。

（四）客户尽职调查制度仍需注意的问题

特别值得注意的是，尽管《反洗钱法》以及相关法律对建立客户尽职调查制度有规定，但在现代金融活动中很多情况都没有被明确规制，我们还需注意以下问题。

1.非面对面开立账户

银行与客户并非在任何时候都能直接面对面地开展某些业务，这也就增加了银行核实客户身份的难度。由于不能直接见到客户，那么仅通过照片来核实客户的身份显然是行不通的。当申请人申请开立支票和现金可以互相兑换的账户时，应特别谨慎以确保至少客户的身份和地址已被严格核实①。

2.对受益人的身份识别

受益人也称实际受益人或最终受益人，是最终拥有或控制客户的一个或几个自然人，以及某项交易的被代理人，还包括对法人或法律协议享有最终有效控制权的人。在当前社会，随着所有权关系及股权结构日益复杂，受益人也变得日渐模糊。我国《反洗钱法》第十六条第四款规定，合同受益人不是客户本人的，金融机构还应当对受益人的身份证件或者其他身份证明文件进行核对并登记，但该项规定的适用条件仅以建立人身保险、信托等业务关系为前提②。尽管我国法律对受益人有相关规定，可是并不全面。国际标准还要求金融机构应该识别单位股东、董事身份及所有权结构。但由于现在公司股权结构较为复杂，我们很难识别某个公司的最终受益人。所以，我们应该规定金融机构除核实表面身份关系以外，还需要核实表面受益人指明的资金所有权人和该笔资金之间的真实关系。只有这样才能切断犯罪分子洗钱并运用非法资金的途径。

3.完善中介机构相关制度

中介机构通常是指律师、会计、股票经纪人、房地产中介机构等。这些机构经常会为了他们自己的客户在银行开立账户。这些账户通常是匿名的，客户的真

---

① 宋炎禄.洗钱与反洗钱的较量[M].成都：西南财经出版社，2000：67.
② 刘连舸，欧阳卫民.金融运行中的反洗钱[M].北京：中国金融出版社，2007：101.

实身份是对银行保密的，即使有些银行规定必须提供客户信息，也可能得到虚假的身份信息。为了弥补这块法律以及制度上的缺陷，我们可以试着将这一责任转移给中介机构，即让中介机构去审核客户的真实身份，这就避免了中介机构只为挣钱而忽视客户身份及其资金来源。同时规定在特殊情况下，银行为了反洗钱可以在中介机构调取客户身份信息，并规定三方各自所应承担的责任。

4.客户身份记录及维护

反洗钱机构想要开展有效的反洗钱活动，就必须获得相关洗钱活动的信息，从而进行有关调查和起诉。金融机构的客户身份和金融交易记录正好能给有关部门提供信息。所以，我们需要完善客户身份记录和维护制度。首先，金融机构除保存这些信息以外，还需要不断地更新相关信息，对客户身份进行持续性的审查，例如，定期核实客户身份，从而保持客户资料的真实性、有效性和完整性。其次，在与客户关系结束后相关信息保存期限上，可以规定一个统一的期限，例如5年。最后，保存客户身份资料：（1）指明所取得的客户身份证明的性质；（2）存有该身份证明的复印件，或者能够根据存档的信息，重新取得该证明的复印件或其细节[①]。

【典型案例】

投保人张某在一个工作日内到保险公司累计投保5次，每单40万元，合计200万元。投保人的职业告知保险公司为政府机关工作人员，但通信地址留存的却是办理业务的银行地址。投保人的职业收入与高额保费支出明显不符，保险公司将此交易作为可疑交易上报至中国反洗钱监测分析中心。随后，有关部门根据保险公司提供的可疑线索核查到以下问题：

（1）投保人张某为某机关处级领导，共有24个银行账户，累计大额交易3000多万元，个人账户数量较多，且金额较大。张某各账户的大额现金交易累计1400多万元，未知来源的转账资金200多万元，存在大量的现金交易和未知来源去向的资金进出。

（2）投保人张某的部分交易对象参与经营地下钱庄。与张某有财务往来的两

---

①李德，张红地.金融运行中的洗钱与反洗钱[M].北京：中国人民公安大学出版社，2003：174.

名交易对象李某和王某，登记身份为农民，但自身交易量大，交易对象多，疑似参与经营地下钱庄。

（3）投保人张某的交易对象中有两人职业与其相同，经查为其下属人员马某和王某。马某和王某都曾多次收到张某的银行转账汇款，单次转账金额最高达20万元，且无合理理由。

【风险分析】

本案中的国家公职人员涉嫌巨额资金来源不明且利用地下钱庄洗钱。该执法部门官员张某以一次性交清所有保费的方式购买大额保单，且个人账户交易金额巨大，与其公职人员的身份不符。同时，通过后续调查发现其部分交易对象的交易行为极为可疑，登记身份为农民，却拥有大量个人账户且交易金额巨大，存在经营地下钱庄并利用地下钱庄帮助张某转移资金的嫌疑。

二、客户身份资料及交易记录保存制度

（一）客户身份资料及交易记录保存制度的概念

客户身份资料及交易信息保存制度是指金融机构依法采取必要措施将客户身份资料及交易信息保存一定期限的制度。它是金融机构在预防洗钱活动中所构筑的第二道防线，是洗钱预防措施的重要内容之一。这里所说的客户身份资料，是指在与客户建立业务关系时，以及在业务关系存续期间获取的客户本人及与客户相关的自然人或者非自然人的身份信息和资料，以及记载身份信息和资料的载体。客户的身份信息和资料还包括交易背景方面的信息和资料。客户的交易记录是指记载交易双方与交易相关的信息的电子数据、业务凭证、账簿和其他资料及其载体。

（二）客户身份资料及交易记录保存制度的意义

客户身份资料及交易记录保存是客户身份资料保存和交易记录保存的合称，是客户尽职调查制度的延续，目的仍然是确保满足交易行为进行回溯的需要。如果说客户身份识别类似于对客户进行画像和拍照，记录交易数据类似于对客户的

动作进行拍照，则客户身份资料的保存和交易记录的保存就是相当于对这些照片的保存。设立客户身份资料及交易记录保存制度主要是出于以下工作需要。

1.调查洗钱活动

对洗钱活动及相关犯罪的调查是设立反洗钱制度的目的之一，调查工作离不开查看客户身份信息和交易记录，金融机构如果不保存这些资料和信息，会导致相关工作无从开展。

2.调查异常交易

金融机构在日常反洗钱监测工作中发现异常交易的，需要对交易的背景、目的进行调查，这种调查工作也必须以客户的身份信息资料和交易记录为依据。

（三）客户身份资料及交易记录的保存范围

1.需要保存的客户身份资料

需要保存的客户身份信息资料，统称为客户身份资料，一般包括以下内容：

（1）记载客户本人身份信息的资料，包括但不限于客户身份信息登记表格、客户有效身份证件的复印件（或者影印件）和影像资料、使用外部渠道对客户身份进行核对和查验的结果。

（2）记载客户代理人身份信息的资料，包括但不限于代理人身份信息登记表格、代理人有效身份证件的复印件（或者影印件）和影像资料、使用外部渠道对代理人身份进行核对和查验的结果。

（3）非自然人客户法定代表人（负责人）、业务经办人有效身份证件的复印件（或者影印件）以及与非自然人客户法定代表人（负责人）、业务经办人有关的影像资料、使用外部渠道对法定代表人（负责人）、业务经办人身份进行核对和查验的结果。

（4）记载客户的关系人身份信息的资料，包括关系人身份信息登记表格、关系人有效身份证件的复印件（或者影印件）和影像资料、保险、信托等业务中客户关系人之间关系的确认文件和资料、使用外部渠道对客户关系人的身份进行核对和查验的结果。

（5）记载客户交易对手的身份信息的资料，包括交易对手的身份信息登记表格、交易对手有效身份证件的复印件（或者影印件）和影像资料。仅在个别业务中需要交易对手的身份信息，虽然目前无留存交易对手的身份证件的规定，但如果金融机构主动收集，不违反规定且符合反洗钱工作原则。

（6）在了解客户业务过程中收集的关于客户业务性质、财产来源等资料，包括调查记录、业务情况说明以及公开的信息等。

（7）记载非自然人客户受益所有人身份信息的资料。

（8）非自然人客户股权或者控制权的相关信息，主要包括注册证书、存续证明文件、合伙协议、信托协议、备忘录、公司章程以及其他可以验证客户身份的文件。

（9）非自然人客户股东或者董事会成员登记信息，主要包括董事会、高级管理层和股东名单、各股东持股数量以及持股类型（包括相关的投票权类型）等。

（10）对客户进行强化的身份识别措施所获取的信息资料，主要包括：对客户业务关系目的和性质进行调查、了解所形成的相关信息资料；对客户经营活动状况、财产或资金来源所形成的相关信息资料；对客户交易及其背景情况、交易动机进行了解所形成的相关信息资料。

（11）在对非自然人客户受益所有人进行身份识别过程中收集的政府主管部门、非自然人客户以及有关自然人依法提供、披露的法定信息、数据或者资料。

（12）在对非自然人客户受益所有人进行身份识别过程中，通过询问非自然人客户、要求非自然人客户提供的证明材料、收集的权威媒体报道、委托商业机构调查所形成的文件资料。

（13）对外国政要、国际组织高级管理人员等特定自然人以及其父母、配偶、子女等近亲属或者具有共同利益关系的其他自然人进行身份关系确认、识别的信息资料。

（14）对客户进行尽职调查所形成的尽职调查报告及相关信息资料。

（15）建立维持或者终止与客户业务关系的内部批准文件。

（16）其他辅助证明客户身份、非自然人客户受益所有人的资料和反映开展客户身份识别工作、非自然人客户受益所有人身份识别工作情况的资料。

影像资料是指证明客户身份、非自然人客户法定代表人（负责人）、业务经办人、代理人、客户关系人身份和身份识别过程的照片、网络截图、视频、音频，以及证明客户业务的照片、网络截图、视频、音频。

2.需要保存的交易记录

（1）账户变动类交易记录。账户变动类交易记录包括但不限于以下各类信息、资料：支付指令；记载包括支付指令在内的完整的交易报文；业务系统之间以及业务系统和外部系统之间的交互记录；反映交易真实情况的合同、业务函件和其他资料；纸质或者以其他形式存在的反映交易双方资金收付情况的记账凭证。

（2）操作类交易记录。关于操作记录需要记载哪些信息的问题，目前尚无统一规定。不同的信息的获取难度与技术能力、法律合规性有密切联系，设备信息问题，也即通常所指的"设备指纹"问题，就是一个典型的结合了技术和合规的复杂问题。设备指纹需要通过获取客户所使用的设备的软、硬件信息来给客户的设备"画像"，只有对客户设备的良性"侵入"才能够获取，这种侵入必须是轻微的，不能侵害客户的隐私权，不能损害客户的设备及设备中存储的数据。为了确保"侵入"的合规性，应当事前取得客户的授权。获取客户位置信息，也同样存在技术和合规性问题，同样需要取得客户的授权。如果操作记录中包括地址信息、位置信息、设备信息等，则这些信息就属于应当保存的交易记录。需要记录并保存的操作记录应当包括：客户注册、登录；绑定或者解除绑定银行卡、预付卡的操作信息；挂失和修改密码的操作信息（这种操作不允许记录密码）；注销、申领和挂失银行卡、预付卡的操作信息；申领和挂失数字证书；选定和撤销业务类别。包括开通新业务、停用原业务等操作；身份识别和交易验证操作记录（包括提交证件、录入身份信息、验证身份、变更交易验证方式等操作，但不允许记录登录密码、支付密码）；变更身份信息；调整业务功能；调整交易限额；变更资金收付方式。

【典型案例】

2008 年 9 月 21 日，客户李某购买了保险公司某分红型产品，保险期间届满后，因李先生投保时留存的联系方式及地址均发生改变，且留存的证件有效期不符，客户信息未及时变更导致无法联系到客户，客户满期生存金①无法领取，权益受到损失，后经保险公司多方寻找，联系到李先生，维护了其相关权益。

【风险分析】

本案中的客户李某因未及时到金融机构履行信息变更的更正手续，导致之后的保险权益无法实现。

（四）客户身份资料及交易记录的保存期限

根据《金融机构客户尽职调查和客户身份资料及交易记录保存管理办法》第四十六条规定，金融机构应当按照下列期限保存客户身份资料及交易记录：

（1）客户身份资料自业务关系结束后或者一次性交易结束后至少保存5年；

（2）交易记录自交易结束后至少保存5年。

法律、行政法规对客户身份资料及交易记录有更长保存期限要求的，从其规定。例如《信托投资公司资金信托业务管理暂行办法》规定保存期限自信托终止之日起不得少于15年。

（五）客户身份资料及交易记录的保密

金融机构必须为客户身份资料及交易记录保密。为客户保密既是契约义务，也是法律义务。《反洗钱法》第五条规定，对依法履行反洗钱职责或者义务获得的客户身份资料及交易信息，应当予以保密；非依法律规定，不得向任何单位和个人提供。反洗钱行政主管部门和其他依法负有反洗钱监督管理职责的部门、机构履行反洗钱职责获得的客户身份资料及交易信息，只能用于反洗钱行政调查。司法机关依照本法获得的客户身份资料及交易信息，只能用于反洗钱刑事诉讼。《意见稿》第六条也做了类似的规定。

客户身份资料及交易记录的保密范围是在履行客户身份识别过程中获取的客户身份资料及交易记录的全部。客户身份资料包括客户本人、自然人客户的代理

---

① 生存金一般出现在分红险、万能险、年金险等寿险产品中，这些保险产品大多具有生存金返还功能。生存金也称生存保险金，是指在保险合同有效期内，合同约定的日期后被保险人仍然生存时，保险公司依照合同约定向保单生存受益人给付的保险金，是保保障之外，保户额外获得的固定收益。

人、非自然人客户的法定代表人（负责人）、非自然人客户的控股股东或者实际控制人、非自然人客户的业务经办人、客户的关系人、客户的交易对象、非自然人客户受益所有人的全部身份信息和记载信息的各种载体。客户身份资料还包括客户洗钱风险评级依据、评级结果。

交易记录的保密范围是账户变动类交易记录和操作记录的全部。

目前，除依据法律规定向有权的机关提供信息资料可以豁免保密义务之外，尚未见有其他豁免金融机构保密义务的规定，但在学理上，应当有豁免保密义务的规定。当豁免保密义务的情形发生时，金融机构向他人提供信息资料不按照泄露客户身份信息处理，主要是因为发生这些情形时，履行保密义务已经没有必要。常见的几种情形如下：

1. 登记机关公示的信息

企业的登记信息由工商行政管理部门公示，公示的信息一般包括企业的法定代表人（负责人）姓名、企业地址、营业范围、注册资金、营业执照号码（统一社会信用代码）、营业执照的有效期限、董事姓名、监事姓名、股东姓名（名称）、股东持股比例等事项。法定代表人（负责人）、董事、监事和自然人股东除姓名之外的其他身份信息属于个人私密信息，不属于公示项，金融机构不得泄露。

2. 经客户本人同意向他人提供的

在机构间合作开展的业务中，金融机构需要共享客户信息，经客户同意向他人提供信息资料的行为属于契约关系调整的范围，应按契约关系进行处理。可以提供的身份信息应仅限于客户本人的身份信息，不包括代理人、法定代表人（负责人）、业务经办人、客户的关系人、控股股东或者实际控制人、交易对象等的身份信息。交易记录即使经客户本人同意也不能提供。交易记录多为双向记录，可能同时包括交易对象的部分身份信息。

3. 委托身份识别中被委托人获取的客户身份信息

这种情形不能视为委托人和被委托人泄露客户身份信息资料，但被委托人和委托人都应当遵守保密规定，不再向其他人提供或者泄露信息。

关于保密的方法，应当从内控制度和技术系统两方面着手，在内控制度设计中，应当将客户身份资料及交易记录保密作为重要的工作。要确保本机构内部与职责无关的工作人员无相应的查询、获取信息资料的权限。金融机构的工作人员不仅不能对本机构之外的人员提供信息资料，也不能向本机构内部与职责无关的工作人员提供信息资料。即便是与工作职责有关的工作人员，如反洗钱合规部门的工作人员，为了解业务部门客户身份识别工作的情况或者为调查异常交易，在获取信息资料时，也要按照制度规定的条件和程序进行调阅。实行保管岗位与业务岗位、管理岗位分离的制度是一个有效的措施。

三、大额交易报告制度和可疑交易报告制度

大额交易报告制度和可疑交易报告制度是对客户隐私保护制度绝对化的一种矫正，是私权保护制度向公共利益的妥协。在历史上很长一段时间，银行保护客户存款信息的观念根深蒂固，金融机构不愿意与政府部门分享客户交易信息，由此导致利用金融机构洗钱活动发生频繁。大额交易报告制度和可疑交易报告制度是反洗钱基本制度之一，它以国家强制力为后盾，迫使金融机构与政府部门分享客户交易信息，国家同时豁免金融机构对客户承担的契约义务。这是为平衡客户隐私权和打击洗钱活动作出的安排，是公权力对民事法律领域的适当干预。我国交易报告制度主要分大额交易报告制度和可疑交易报告制度。

（一）大额交易报告制度

1.大额交易报告制度概念

大额交易报告是指金融机构针对客户发生的规定金额以上的交易向主管部门提交的报告。在我国，接受大额交易报告的主管部门是中国反洗钱监测分析中心。

2.大额交易报告的标准

大额交易报告标准是法定的需要提交大额交易报告的金额标准，这个标准由中国人民银行制定，且中国人民银行可以根据需要进行调整。

根据《金融机构大额交易和可疑交易报告管理办法》第五条规定，金融机构应当报告下列大额交易：

（1）当日单笔或者累计交易人民币5万元以上（含5万元）、外币等值1万美元以上（含1万美元）的现金缴存、现金支取、现金结售汇、现钞兑换、现金汇

款、现金票据解付及其他形式的现金收支。

（2）非自然人客户银行账户与其他的银行账户发生当日单笔或者累计交易人民币200万元以上（含200万元）、外币等值20万美元以上（含20万美元）的款项划转。

（3）自然人客户银行账户与其他的银行账户发生当日单笔或者累计交易人民币50万元以上（含50万元）、外币等值10万美元以上（含10万美元）的境内款项划转。

（4）自然人客户银行账户与其他的银行账户发生当日单笔或者累计交易人民币20万元以上（含20万元）、外币等值1万美元以上（含1万美元）的跨境款项划转。

（二）可疑交易报告制度

1.可疑交易报告制度的概念

可疑交易报告是指金融机构有合理理由怀疑客户、客户的资金或者其他资产、客户的交易或者试图进行的交易与洗钱、恐怖融资等犯罪活动相关，而向主管机构提交的反映交易情况的报告。提交可疑交易报告，是金融机构与政府部门分享支付信息，履行反洗钱义务的重要举措。

涉嫌洗钱的常见可疑交易类型有疑似非法集资、疑似电信诈骗、疑似传销、疑似POS机套现、疑似腐败、疑似非法汇兑型地下钱庄、疑似非法结算型地下钱庄、疑似零包贩毒、疑似大宗贩毒、疑似走私等违法犯罪行为。

2.可疑交易的监测标准

建立可疑交易的监测标准也是金融机构的法定义务，我国《反洗钱法》第二十条与《意见稿》第三十二条均规定了金融机构应当按照规定执行大额交易和可疑交易报告制度。金融机构办理的单笔交易或者在规定期限内的累计交易超过规定金额或者发现可疑交易的，应当及时向中国反洗钱监测分析中心报告。根据《金融机构大额交易和可疑交易报告管理办法》规定，我国金融机构根据自身的业务范围不同，对于可疑交易做不同的规定。

（1）商业银行、城市信用合作社、农村信用合作社、邮政储汇机构、政策性银行、信托投资公司应当将下列交易或者行为，作为可疑交易进行报告。

①短期内资金分散转入、集中转出或者集中转入、分散转出，与客户身份、财务状况、经营业务明显不符。

②短期内相同收付款人之间频繁发生资金收付，且交易金额接近大额交易标准。

③法人、其他组织和个体工商户短期内频繁收取与其经营业务明显无关的汇款，或者自然人客户短期内频繁收取法人、其他组织的汇款。

④长期闲置的账户原因不明的突然启用或者平常资金流量小的账户突然有异常资金流入，且短期内出现大量资金收付。

⑤与来自贩毒、走私、恐怖活动、赌博严重地区或者避税型离岸金融中心的客户之间的资金往来活动在短期内明显增多，或者频繁发生大量资金收付。

⑥没有正常原因的多头开户、销户，且销户前发生大量资金收付。

⑦提前偿还贷款，与其财务状况明显不符。

⑧客户用于境外投资的购汇人民币资金大部分为现金或者从非同名银行账户转入。

⑨客户要求进行本外币间的掉期业务，而其资金的来源和用途可疑。

⑩客户经常存入境外开立的旅行支票或者外币汇票存款，与其经营状况不符。

⑪外商投资企业以外币现金方式进行投资或者在收到投资款后，在短期内将资金迅速转到境外，与其生产经营支付需求不符。

⑫外商投资企业外方投入资本金数额超过批准金额或者借入的直接外债，从无关联企业的第三国汇入。

⑬证券经营机构指令银行划出与证券交易、清算无关的资金，与其实际经营情况不符。

⑭证券经营机构通过银行频繁大量拆借外汇资金。

⑮保险机构通过银行频繁大量对同一家投保人发生赔付或者办理退保。

⑯自然人银行账户频繁进行现金收付且情形可疑，或者一次性大额存取现金且情形可疑。

⑰居民自然人频繁收到境外汇入的外汇后，要求银行开具旅行支票、汇票或

者非居民自然人频繁存入外币现钞并要求银行开具旅行支票、汇票带出或者频繁订购、兑现大量旅行支票、汇票。

⑱多个境内居民接受一个离岸账户汇款，其资金的划转和结汇均由一人或者少数人操作。

（2）证券公司、期货经纪公司、基金管理公司应当将下列交易或者行为，作为可疑交易进行报告。

①客户资金账户原因不明地频繁出现接近于大额现金交易标准的现金收付，明显逃避大额现金交易监测。

②没有交易或者交易量较小的客户，要求将大量资金划转到他人账户，且没有明显的交易目的或者用途。

③客户的证券账户长期闲置不用，而资金账户却频繁发生大额资金收付。

④长期闲置的账户原因不明地突然被启用，并在短期内发生大量证券交易。

⑤与洗钱高风险国家和地区有业务联系。

⑥开户后短期内大量买卖证券，然后迅速销户。

⑦客户长期不进行或者少量进行期货交易，其资金账户却发生大量的资金收付。

⑧长期不进行期货交易的客户突然在短期内原因不明地频繁进行期货交易，而且资金量巨大。

⑨客户频繁地以同一种期货合约为标的，在以一价位开仓的同时在相同或者大致相同价位、等量或者接近等量反向开仓后平仓出局，支取资金。

⑩客户作为期货交易的卖方以进口货物进行交割时，不能提供完整的报关单证、完税凭证，或者提供伪造、变造的报关单证、完税凭证。

⑪客户要求基金份额非交易过户且不能提供合法证明文件。

⑫客户频繁办理基金份额的转托管且无合理理由。

⑬客户要求变更其信息资料但提供的相关文件资料有伪造、变造嫌疑。

（3）保险公司应当将下列交易或者行为，作为可疑交易进行报告。

①短期内分散投保、集中退保或者集中投保、分散退保且不能合理解释。

②频繁投保、退保、变换险种或者保险金额。

③对保险公司的审计、核保、理赔、给付、退保规定异常关注，而不关注保

险产品的保障功能和投资收益。

④犹豫期退保时称大额发票丢失的，或者同一投保人短期内多次退保遗失发票总额达到大额的。

⑤发现所获得的有关投保人、被保险人和受益人的姓名、名称、住所、联系方式或者财务状况等信息不真实的。

⑥购买的保险产品与其所表述的需求明显不符，经金融机构及其工作人员解释后，仍坚持购买的。

⑦以趸交方式购买大额保单，与其经济状况不符的。

⑧大额保费保单犹豫期退保、保险合同生效后短期内退保或者提取现金价值，并要求退保金转入第三方账户或者非缴费账户的。

⑨不关注退保可能带来的较大金钱损失，而坚决要求退保，且不能合理解释退保原因的。

⑩明显超额支付当期应缴保险费并随即要求返还超出部分。

⑪保险经纪人代付保费，但无法说明资金来源。

⑫法人、其他组织坚持要求以现金或者转入非缴费账户方式退还保费，且不能合理解释原因的。

⑬法人、其他组织首期保费或者趸交保费从非本单位账户支付或者从境外银行账户支付。

⑭通过第三人支付自然人保险费，而不能合理解释第三人与投保人、被保险人和受益人关系的。

⑮与洗钱高风险国家和地区有业务联系的。

⑯没有合理的原因，投保人坚持要求用现金投保、赔偿、给付保险金、退还保险费和保单现金价值以及支付其他资金数额较大的。

⑰保险公司支付赔偿金、给付保险金时，客户要求将资金汇往被保险人、受益人以外的第三人；或者客户要求将退还的保险费和保单现金价值汇往投保人以外的其他人。

特别值得注意的是，除上述情形外金融机构及其工作人员发现其他交易的金额、频率、流向、性质等有异常情形，经分析认为涉嫌洗钱的，应当向中国反洗钱监测分析中心提交可疑交易报告。

【典型案例】

2017年6月，一家入网半个月，从事文化传媒、娱乐经纪、影视策划的公司通过某收单机构的POS终端发生多笔大额消费类交易，从而触发异常交易监测模型，引起收单机构反洗钱监测分析人员的警觉。反洗钱人员拉取了该公司通过平台发生的所有交易，分析如下：

入账日期	交易金额/元	交易笔数	笔均交易金额/元	整百交易数	整百交易占比/%	夜间发生交易数	异常时间交易数占比/%	夜间发生交易金额/元	异常时间交易金额占比/%
20170607	232633.6	18	12924.09	14	78	5	28	105016.8	45
20170608	1827900	67	27282.09	60	90	0	0	0	0
20170609	3687500	159	23191.82	152	96	10	6	247500	7
20170610	1565500	60	26091.67	58	97	19	32	686500	44
20170611	272500.1	16	17031.26	14	88	0	0	0	0
20170612	397500	10	39750.00	10	100	0	0	0	0
20170613	3167325	87	36406.03	80	92	0	0	0	0
20170614	543650	20	27182.50	19	95	0	0	0	0
20170615	4850825	142	34160.74	137	96	15	11	4598504	9
20170616	545000	33	16515.15	33	100	8	24	168000	31
20170617	1033700	50	20674.00	50	100	24	48	593400	57
20170618	371300	25	14852.00	25	100	5	20	96000	26
20170619	177500	11	16136.36	11	100	0	0	0	0
20170620	499500	16	31218.76	16	100	0	0	0	0
20170621	491100	17	28888.24	17	100	0	0	0	0
总计	19663434	731	26899.36	696	95	86	12	2356267	

通过统计可以发现如下交易特征：

第一，单日、单笔交易金额大。该公司日均金额在131万元以上，其中6月8—10日、6月13日、6月15日、6月17日交易金额为100万~480万元；笔均交易金额在2万元以上。

第二，在异常交易时间发生交易。该公司约12%的收款交易发生在22：00—04：00，其中，6月9日00：09—00：38累计发生8笔整百交易，且累计金额在18万元以上。

第三，整百、金额相同类交易频繁，且累计金额大。该公司于6月9日发生152笔整百交易，累计金额358万元以上；6月15日发生137笔整百交易，累计金额480万元以上。截至调查日该公司通过收单机构平台共发生696笔整百交易，占总交易笔数的95%，整百交易中金额为5万元的交易笔数为213笔，占总交易笔数的30%。

第四，交易对手比较集中，同卡单日在同一终端发生金额相同类交易且交易频繁。卡号（62×××43）于6月13日在该公司POS终端（5×××6）发生金额均为5万元整的交易26笔；该卡同时于6月15日在该公司另一POS终端（5×××7）发生交易22笔，其中19笔发生金额均为5万元整。

反洗钱人员将以上信息进行整理，按照基本情况、交易概况、尽职调查、可疑分析、结论等方面撰写了可疑交易报告，并经反洗钱领导小组审批后上报了中国反洗钱监测分析中心。

同时，反洗钱人员遵循"风险为本"和"审慎均衡"原则，将该公司洗钱和恐怖融资风险等级调至高风险等级并持续监控，清算和风控部门对该公司交易采取了延迟结算和降低限额等后续控制措施。

第二节　我国各部门反洗钱合作机制

在犯罪预防初级体系中，加强部门协调合作关系是反洗钱工作效率提高的关键。在原有的部门合作关系上创造出新的合作伙伴关系更是预防洗钱犯罪的不二法门。我国对于反洗钱协调合作机制包括国内协调和国际合作两个方面，反洗钱国际合作将在下一节中专门阐述，因此，本节仅介绍我国反洗钱工作部际联席会议制度和金融监管部门反洗钱协调机制两个方面。

一、反洗钱工作部际联席会议制度

（一）反洗钱工作部际联席会议介绍

为深入贯彻落实中共中央和国务院关于反腐倡廉、打击经济犯罪的一系列精神，有效防范和打击洗钱犯罪，维护国家政治、经济、金融安全和正常经济秩序，根据国务院的指示，我国于2002年由公安部牵头成立了反洗钱工作部际联席会议。2004年5月，经国务院批复，由中国人民银行继续牵头召集反洗钱工作部际联席会议，并根据国务院机构职能变化，调整充实了成员单位，包括中国人民银行、最高人民法院、最高人民检察院、国务院办公厅、外交部、公安部、国家安全部、监察部、司法部、财政部、建设部、商务部、海关总署、税务总局、工商总局、广电总局、法制办、银监会、证监会、保监会、邮政局、外汇局、解放军总参谋部23个部门。反洗钱工作部际联席会议制度是我国目前加强部门之间反洗钱工作合作最主要的制度。

反洗钱工作部际联席会议的宗旨是指导全国反洗钱工作，制定国家反洗钱的重要方针、政策，制定国家反洗钱国际合作的政策措施，协调各部门、动员全社会开展反洗钱工作。反洗钱工作部际联席会议原则上每年召开1~2次全体会议，如有需要，经成员单位提议，也可以随时召开全体会议或部分成员会议。

反洗钱工作部际联席会议下设办公室，组织开展反洗钱工作部际联席会议日常工作。反洗钱工作部际联席会议办公室的职责是：掌握全国各地区和各部门反洗钱工作情况，加强对洗钱活动手法、规律、特点的研究，就反洗钱工作的政策、措施、计划、项目向联席会议提出建议和方案；负责筹备联席会议的召开，督促落实联席会议做出的各项决定，及时通报反洗钱工作情况；统一协调各行业、各部门开展反洗钱工作，逐步实现有关工作信息共享；具体组织协调反洗钱国际合作，负责与国际或区域反洗钱组织、各国政府间的反洗钱合作事项，以及履行有关国际公约的义务；组织做好反洗钱工作联席会议的会务工作；根据各成员单位意见提出会议议题，经召集人批准或全体联络员会议研究同意后组织召开。每次全体会议后，应就会议主要内容形成文字纪要，分送会议各成员单位，并督促落实相关工作。

（二）反洗钱工作部际联席会议制度存在的缺陷及完善建议

1.反洗钱工作部际联席会议的部门成员范围过窄

由上述反洗钱工作部际联席会议介绍可以看出，其成员主要为中央各部委。而要推进反洗钱工作就必须把工作落实到地方政府部门，不能仅局限于中央各部委。因此，反洗钱工作部际联席会议的部门成员要进一步扩大，不能仅停留在中央各部委，应该逐步推行到各地方政府。我们认为，可以参照反洗钱工作部际联席会议制度的模式建立起各有关政府之间的反洗钱工作协作机制。

2.会议议事的落实速度慢，办事效率低

我国虽然设立了反洗钱工作部际联席会议制度，并且规定了反洗钱工作部际联席会对会议的决策有督促落实的职责。但是，由于会议决策的具体贯彻落实都是由各个部门各自具体操作，没有一个专门负责的机构，导致一个案件往往会经过多个部门，延缓了办案的速度，降低了办事效率。我们认为，可以成立反洗钱的专门负责的机构，选择一批文化程度较高、熟悉经济金融及法律等方面知识的人才来充实该机构，使其他各部门分工更为明确。最终达到犯罪初级预防的效果。

二、金融监管部门反洗钱协调机制

（一）金融监管部门反洗钱协调机制介绍

金融行业是反洗钱工作的重点领域，因此，金融机构急需设立一个专门的监管部门，以便于实现金融监管的整体有效性、降低成本，提高效率，通过各种机制努力实现反洗钱工作的和谐一致。2004年4月，中国人民银行牵头成立了由银监会、证监会、保监会和外汇局参加的金融监管部门反洗钱工作协调小组（通称

为"一行三会"），具体承担协调、指导、部署金融行业反洗钱工作。金融监管部门反洗钱工作协调小组下设工作小组，负责组织开展日常工作。2018年3月，全国人大第十三届一次会议通过《国务院机构改革方案》，将中国银行业监督管理委员会、中国保险监督管理委员会合并为中国银行保险监督管理委员会，至此"一行三会"调整为"一行两会"。

（二）金融监管部门反洗钱协调机制存在的缺陷及完善建议

金融监管部门反洗钱协调机制对监管主体行为约束力不强。金融监管部门反洗钱工作协调小组在召开部际联席会议时，可以根据各自履行的职责需要进行沟通和协商，但这种沟通和协商是平等的、自愿的，是没有任何强制约束力的。当监管主体之间出现冲突时，某些部门就会采取一些有利于本部门而有损于其他部门利益的行为。由于金融监管反洗钱协调机制对监管主体行为约束力不强，联席会议达成的协议就可能起不到应有的作用。

对此，我们建议完善"一行两会"的联席会议制度，通过《反洗钱法》来协调我国金融监管部门反洗钱协调机制的监管政策和业务行为，建立定期的"一行两会"的联席会议，把金融监管部门反洗钱协调机制的联席会议制度约束力提升至法律约束，从法律角度进一步完善金融监管部门反洗钱协调机制的运作，充分发挥其协调、指导、部署金融行业反洗钱工作的作用。

第三节　加强国际协作与信息共享

犯罪的国际性是洗钱犯罪的一个重要特征。洗钱者利用主权国家管辖的有限性，让"黑钱"在不同国家间迅速流动，主权国家即使发现洗钱活动，但因管辖权的限制，无法在另一国家进行追查，洗钱者由此逃避制裁；另外，由于各国对洗钱所持的态度不同，国际上尚存在一些银行保密法非常严格的"洗钱天堂"。洗钱者可以将黑钱转移至这些国家进行隐藏，而无须担心被追查和罚没。因此，唯有加强国际反洗钱合作，才能彻底铲除洗钱犯罪的栖身之地。反洗钱国际协作包括以下几个方面。

一、加强各国政府间反洗钱的相关情报信息交流

各主权国家由于受制于沉重的"包袱"，如维护国家形象、外交策略等，不能进行真正的情报与信息交流，而在与洗钱的斗争中处于劣势。对于洗钱犯罪分子而言，他们没有国家义务、没有边境意识，他们有的只是自己的"游戏规则"。洗钱集团常分为不同的"单位"，各单位中的成员进行不同的活动，一个单位中的成员并不为另一个单位的成员所知，只有总头目才掌握整个组织的情况。因此，即使某国的司法部门破获了其中一个或几个单位，其他单位仍可继续独立活动。各主权国家若不积极交流关于洗钱活动组织的信息，仅依靠各自掌握的一些零碎线索，很难对犯罪集团的要害部门予以致命打击。另外，洗钱犯罪除犯罪地域的国际化之外，还包括犯罪技术的国际化。一项新的洗钱技术可以在一天之间传遍世界各地。这就要求各国加强合作，由一些治理经验丰富的国家对反洗钱经验不足的国家进行人员培训。因此，在行政方面合作的开展可以使各国政府及时获取别国反洗钱的信息，借鉴别国在打击洗钱犯罪方面的好经验，并在本国反洗钱行动中予以推广，从而增强本国打击洗钱犯罪活动的能力。

二、加强各国间反洗钱的司法协助与引渡

洗钱犯罪是一种刑事犯罪，对洗钱犯罪的打击需要相关国提供刑事司法协助，如有必要，还须将逃往境外的洗钱犯罪嫌疑人引渡到国内审判。1988年出台的《联合国禁毒公约》标志着国际社会启动了反洗钱合作。例如，国际刑警组织成立了国际刑警组织洗钱问题工作组（FOPAC），专门负责各国打击洗钱活动的情报和协调工作；阿根廷与美国建立了一个旨在打击洗钱活动的情报交换制度等①。近几年来，我国与国际社会在反洗钱司法协助上已有数十个成功的例子，余振东缉拿归案就是中美警方共同打击经济犯罪和洗钱犯罪的一个成功例证。我

---

①董丽君，赖早兴.洗钱犯罪及其法律控制[J].湖南公安高等专科学校学报，2000，12（6）：50-53.

国反洗钱的理念与运行亦为外力所动，虽然与世界发达国家相比，还有明显差距，但已取得一定的进展。其主要措施如下：

（一）对犯罪分子进行引渡或审判，不让犯罪分子在世界上有任何栖身之地

引渡是指一国的主管机关应向有管辖权的他国主管机关请求，依据国内法和国际法的有关规定，将被指控和判决犯有可引渡之罪的域内之人送交他国进行惩处。在打击跨国洗钱犯罪活动中，引渡是打击洗钱犯罪的重要措施之一，也是有管辖权国家审判洗钱犯罪分子的唯一渠道。只有对洗钱犯罪分子进行引渡和审判，才能使洗钱犯罪分子在任何一个国家都无法逃避法律的制裁。

（二）关于洗钱犯罪证据方面的司法协助

刑事司法协助的范围包括刑事诉讼文书的送达、调查取证和获取有关人员的陈述、搜查和扣押、移交物证、归还赃款物等。在打击跨国洗钱犯罪活动中，刑事司法协助是打击洗钱犯罪的重要措施之一，例如，接受外国法院的委托，协助调查、搜查、扣押和送达等。只有主权国家协助有管辖权国家进行洗钱犯罪的相关材料工作，有管辖权的国家才能更好地获取犯罪分子地洗钱犯罪证据，进而对犯罪分子作出公正的裁决。

（三）没收犯罪收益

2000年11月15日我国签署了《联合国打击跨国有组织犯罪公约》，该公约第12条规定了"没收和扣押"，第13条规定了"没收事宜的国际合作"。这里所说的国际没收，是指在打击跨国有组织犯罪中，根据法院或其他主管当局的命令对财产实行永久剥夺。而跨国洗钱犯罪绝大多数属于跨国有组织犯罪。

对处于本国之外的物品，已突破了物证移交的限制，扩展到了对犯罪产品和工具由物品所在国进行没收，而且保证没收的执行。另外，还应规定诸如冻结和扣押等临时性措施[①]。

---

①邹明理，宫万路.论洗钱犯罪的特征及法律对策[J].现代法学，1997，19（5）：48-54.

三、加强各国立法的统一

世界各国对于洗钱犯罪在立法上都有不同的规定，这就使洗钱犯罪分子会把洗钱行为控制在那些没有设置洗钱犯罪的国家，这样，这些犯罪分子就不会被追究刑事责任。为了消除这些"避税天堂""洗钱天堂"的存在，使洗钱犯罪分子在国际上无立足之地，各国在洗钱犯罪方面的立法统一就成为防范国际性洗钱犯罪最有效的手段之一。

第四节　完善洗钱犯罪相关立法和配套法律法规

改革开放前，我国实行高度集中的计划经济体制，社会经济实行计划管理，没有对外开放，国民经济的总体规模比较小，整个金融活动完全处于国家监控之下，金融机构还处在手工操作阶段，与国际金融机构的业务往来很少，因此不具备实施洗钱的客观环境，经济领域的犯罪较少，也未发现洗钱活动。因此，1979年我国制定《刑法》时未规定洗钱罪。

我国于20世纪80年代初开始实行改革开放政策，经济社会转型为国家带来了发展机遇，同时，由于改革措施不配套，某些方面的法治建设滞后，各种利益诱惑的增多，走私、贩毒、偷逃税款、金融诈骗、贪污贿赂以及黑社会犯罪等现象在中国开始出现，国际犯罪组织也开始向国内渗透。与此同时，政府对各种违法犯罪行为，特别是走私、贩毒、黑社会性质等严重刑事犯罪和贪污腐败等经济犯罪活动不断加大打击力度。于是，为了隐瞒、掩饰、合法化数额庞大的违法犯罪所得，并随着这些上游违法犯罪活动产生洗钱需要，中国开始出现了洗钱活动。

为了有效遏制洗钱行为，防止犯罪嫌疑人逃脱法律制裁，1997年3月全国人大通过了新的《刑法》，增设了关于洗钱罪的规定，并将洗钱罪的上游犯罪增加到三种，即毒品犯罪、黑社会性质的组织犯罪和走私犯罪，填补了我国刑法上原有的罪名体系所存在的漏洞和空白。

进入21世纪，我国金融机构技术手段不断提高，全球资金划转快速便捷，加上投资环境更加宽松，洗钱的方式、洗钱的地域、洗钱的技术手段以及参与洗钱活动的人都发生了很大变化，洗钱活动呈现出更加猖獗的势头。一方面，国内犯罪分子或犯罪集团把赃款通过境内金融机构转出境外，在国外清洗后使资金回流，成为合法拥有；另一方面，境外犯罪集团或黑社会组织利用中国大量引进外资之际，用赃款来投资，然后利用盈利的形式汇出境外。还有一些境外的金融机构明目张胆地寻求境内金融机构的协助完成洗钱行为。洗钱案件不断增多，洗钱犯罪活动的范围和手段也不断翻新，洗钱活动呈现日益复杂化的发展趋势。2001年12月，全国人大常委会通过了《中华人民共和国刑法修正案》（以下简称《刑法修正案》），对反洗钱的刑事法律规范作了进一步完善。在洗钱犯罪的上游犯罪的规定中，增加恐怖活动犯罪，至此，我国洗钱罪的上游犯罪增至四种。此外，针对恐怖融资活动，《刑法修正案》规定，将资助恐怖活动组织或者实施恐怖活动的个人的行为增加规定为犯罪。

2006年6月，全国人大常委会通过《刑法修正案（六）》，将洗钱罪的上游犯罪增至七种，增加了贪污贿赂犯罪、破坏金融管理秩序犯罪、金融诈骗犯罪三种，进一步完善了对洗钱罪上游犯罪的规定。

2008年8月，十一届全国人大常委会第四次会议审议通过《刑法修正案》，将国家工作人员巨额财产来源不明罪的最高刑期由五年提高到十年，将贪污贿赂犯罪适用范围扩大到国家工作人员的近亲属和已经离职的国家工作人员。进一步补充完善了洗钱罪的上游犯罪。

洗钱犯罪初级预防着重于事前预防，这就要求在洗钱犯罪上必须有一套健全的法律法规。但是，我国洗钱行为在社会上仅出现几十年，虽然在这几十年中我国立法上对洗钱犯罪的防治不断地作出调整和增加，甚至对洗钱犯罪也单独制定了《反洗钱法》，但是，我国洗钱犯罪的相关法律法规仍有待加强。

一、需加快制定及完善《反洗钱法》的配套法律法规

基于打击洗钱犯罪和加强反洗钱犯罪的国际合作的需要，我国反洗钱立法进

程也在不断加快。2021年6月中国人民银行发布《意见稿》向社会公开征求意见，标志着我国反洗钱法制建设已经进入一个高速发展、与国际反洗钱法律制度迅速接轨的时期。但是，为了进一步加强我国的反洗钱治理及与国际方面的合作，我国还应该早日制定《反洗钱法》的配套法律法规，如对《金融机构反洗钱规定》《人民币大额和可疑支付交易报告管理办法》《金融机构大额和可疑外汇资金交易报告管理办法》作出相应的修改以及对证券、保险等洗钱高风险行业制定专门的法规。

二、完善洗钱罪的罪名体系

前文已经论述，我国的洗钱罪仅是刑法第一百九十一条规定的一个罪名，但是在现实社会中洗钱行为多种多样，其行为的性质、危害程度也迥然不同，皆以洗钱罪笼而统之，实有不妥。我们认为，在完善洗钱罪的罪名方面可以借鉴其他国家的先进体系。例如，美国惩治洗钱犯罪相关法律属于专门法，美国法律中的洗钱罪是个综合罪名，包括非法金融交易罪、非法金融转移罪、以非法所得进行交易罪和推定洗钱罪四个具体罪名，这四种罪在罪名、罪状、法定刑上都有不同规定。英国除将"协助他人保持贩运麻醉品利益"的行为规定为洗钱罪外，还规定了一系列新的洗钱犯罪，如"协助他人保持犯罪行为利益罪""取得、拥有或使用犯罪行为利益罪""隐瞒或转移犯罪行为利益罪""未披露信息罪""泄露信息罪"等。即使在德国，在1998年1月德国刑法典重新修改后，也将原洗钱罪更名为洗钱与掩饰不正当财产罪①。这样就大大增强了刑法惩治的针对性，在司法实践中也便于操作。

所以，我国《刑法》在规定法定的七种行为构成洗钱罪的同时，还应将一些辅助、次要行为规定为犯罪，如将泄露报告信息的行为确定为犯罪等。另外，应将规避或不履行反洗钱义务，造成严重后果的行为规定为犯罪。这主要是针对金融机构或其他金融机构从业人员违背法定反洗钱义务的行为而言的，当然，其前提是法律要对以上单位和个人规定反洗钱义务；对于明知客户是为洗钱而进行交

---

①王世洲.德国经济犯罪与经济刑法研究[M].北京：北京大学出版社，1999：405.

易，而有意放弃职责不履行法定义务或者不正确履行法定义务的，应当予以刑事制裁。

三、修改洗钱犯罪的主观要件

我国《刑法》规定的洗钱犯罪的构成要件要求行为人主观上必须明知是毒品犯罪、黑社会性质的组织犯罪、恐怖活动犯罪、走私犯罪、贪污贿赂犯罪、破坏金融管理秩序犯罪、金融诈骗犯罪违法所得及其产生的收益，并出于掩饰、隐瞒其来源和性质的目的而实施的洗钱行为，从而排除了间接故意和过失构成本罪的情形。

由于洗钱行为是一种严重的跨国性犯罪，加之处罚过失犯罪又是一种例外，如果将过失洗钱行为也予以犯罪化，就可能会因打击面过大而影响了对真正具有严重危害性的洗钱行为的惩治，再加上在一些国际公约，例如2000年《联合国打击跨国有组织犯罪公约》、2003年《联合国反腐败公约》对于洗钱犯罪的罪过形式都只限定为故意，而不包括过失[①]。因此，尽管有些国家如德国、芬兰的刑法规定，在某些场合，严重的疏忽大意的过失，可以构成洗钱罪[②]，但从节约法律资源以及从刑法传统的角度出发，我们不主张将过失洗钱行为予以犯罪化处理。

对于间接故意的洗钱情形，则另当别论。尽管就纯正的洗钱犯罪而言，即从洗钱行为就是以掩饰或隐瞒犯罪所得为目的的犯罪这一观念出发，洗钱罪的主观方面不仅须具备"明知"要件，而且须具备特定目的，但是从国际公约的规定以及司法实践的现实来看，为了有效打击洗钱活动，就不应将洗钱犯罪规定为"目的犯"，而应规定为"知情犯"，也就是说，"明知"是洗钱罪的要件，特定目的仅是部分洗钱行为的要素，而非一切洗钱行为的要件。并且，在实践中间接故意洗钱行为是存在的，如金融工作人员明知他人的资金是毒品犯罪、黑社会性质的组织犯罪、恐怖活动犯罪、走私犯罪的违法所得及其收益，而故意视而不见，放

---

①刘连舸，欧阳卫民.金融运行中的反洗钱[M].北京：中国金融出版社，2007：47.
②王刚山，王建刚.论我国洗钱犯罪的刑事立法完善[J].昆明理工大学学报（社会科学版），2009，9（7）：50-57.

任黑钱被洗净①。因此，在修改刑法时，既要坚持"明知"的要件地位，又应将特定目的定位为选择要素。由此而言，具有直接故意和间接故意的主观要件均可构成洗钱罪。

四、完善与洗钱犯罪相关的经济法律制度

（一）加强对公司的法律监管

（1）在公司设立时，不仅要查验注册资金是否足额缴纳，而且要查验其资金来源是否合法，该出资股东是否为本人，并要求其出示有效的身份证明文件。

（2）公司承担了解客户、保存交易记录和信息披露的义务。

（3）赋予金融机构查验公司真实身份的权利，防止罪犯利用公司清洗犯罪收益。

（4）将为了洗钱而设立公司规定为否定公司法人人格的一个法定事由。

（5）赋予国家工商行政管理部门在反洗钱方面的有关职责，比如负责在公司登记时清查其资金来源是否合法，并负责查验公司上报的有关反洗钱信息，还应当定期组织公司人员进行反洗钱培训，定期制作和发放反洗钱指南或手册，监督公司法人建立控制洗钱的内部制度。

（6）对外国公司要求在华设立分支机构的应加强反洗钱方面的审查，严防空壳公司和为犯罪者清洗"黑钱"的前台公司进入我国。

（二）完善金融机构法律规制

金融机构的活动在反洗钱防治中具有重要意义，是反洗钱的重要环节。被国际金融界概括为预防洗钱的四项基本原则，即"了解"你的客户原则、严格依法行事原则、与执行机关全面合作原则、制定内部政策与程序原则，其实这就是专门为金融机构设定的行为规范，其已经被国际社会普遍接受，被许多国家的反洗钱法吸收，值得我国借鉴。我国应改革金融机构业务规则，充分发挥其在防治洗

①何玲，乔宗楼.论我国洗钱犯罪的立法完善[J].焦作师范高等专科学校学报，2005，21（2）：37-39.

钱犯罪中的重要作用，构筑起反洗钱的第一道防线。

另外，针对洗钱犯罪的初级预防体系，除进行上述措施之外，还需要对民众进行反洗钱的法治宣传教育，树立全民反洗钱的法律意识。

当前，对何谓洗钱，洗钱的严重性、危害性如何，法律法规有些什么规定，怎样依法应对洗钱犯罪，又如何依法防范洗钱犯罪等一些反洗钱相关内容，不仅普通公民知之甚少，即使国家公务员、很多司法部门的工作人员也知之不多。甚至有人认为，我国正处于改革开放期间，国家搞经济建设正需要大量的资金，不管什么钱，只要能进来，我们都应该欢迎，这样做对国家的经济建设有好处[①]。这种观点其实是非常错误的。2021年6月16日中共中央、国务院转发《中央宣传部、司法部关于开展法治宣传教育的第八个五年规划（2021—2025年）》，并发出通知：我们要利用这次的"五年全民普法教育"的时机，在全民中，特别是司法、金融、税务、海关等系统，以及企事业单位进行系统的宣传教育；对沿海经济发达地区县处级以上领导干部和与反洗钱有密切关系的业务部门工作人员，经过学习、考试或考核合格，才能允许上岗。统一思想、提高认识，认清洗钱犯罪行为的严重性和危害性，增强反洗钱的紧迫感和自觉性，这将大大有利于推动我国反洗钱工作向纵深发展。所以，学习宣传，统一思想，树立必要的反洗钱法律意识，为预防洗钱构筑起一道思想的钢铁长城，是保证反洗钱斗争取得更大成效的前提。

---

①宋炎禄.洗钱与反洗钱的较量[M].成都：西南财经大学出版社，2000：9.

第七章　洗钱犯罪二级预防体系

洗钱犯罪二级预防体系，即近期发案控制预防。主要强调在面对洗钱犯罪发案时，警察应作出如何反应。由于洗钱犯罪的阶段性、复杂性，使这种近期发案控制预防需要针对不同的阶段采取不同的措施。在理论研究中，只有了解了洗钱犯罪的每个阶段，才能针对具体阶段作出反应。

第一节　洗钱犯罪的三个阶段

洗钱的目的就是改变犯罪收益的原有形式，消除可能成为证据的痕迹，这就要为犯罪收益设置假象，使犯罪收益与合法收益融为一体。国际反洗钱专家与学者对大量的洗钱案件进行分析总结后，得出洗钱过程"三阶段论"定律，也就是洗钱必须经过三个主要阶段的理论，即放置阶段（Placement）、培植阶段（Layering）和融合阶段（Integration）。

一、放置阶段

放置阶段也称处置阶段，是洗钱过程中的第一个环节，即将上游犯罪所得资金收益投入到清洗系统，开始对犯罪所得及其收益进行清洗的过程。该阶段的主要目的就是使黑钱改变为便于控制以及减少怀疑的形式。由于放置阶段是洗钱活动的第一个阶段，因此该阶段也是侦查机关最容易发现的阶段。根据国际刑警组织所列举的洗钱者频繁使用的洗钱方法，包括现金走私；将现金转换成可流通证券；建立并使用前台公司或空壳公司；使用税收和金融"天堂"所提供的设施；伪造虚假账单；使用娱乐场所以及赌博场所；使用地下银行体制所提供的设施等①。

由于银行和其他金融机构是资金流转的主要渠道，因而成为洗钱者最常用的处置方式。有的犯罪者将犯罪所得现金直接存入本国银行，通过本国银行将犯罪收益转移到外国银行；有的将现金存入外国银行，通过外国银行进行犯罪收益的转移。对于跨国洗钱而言，洗钱行为人常常是利用了一些国家和地区严格的银行保密法规和宽松的金融规则，进行大肆的洗钱活动。这些国家和地区事实上成了洗钱者的"保密天堂"。一般的洗钱者往往利用银行贷款掩饰犯罪收益，或者控制银行和其他金融机构，犯罪者直接向金融机构存在的某些问题进行威胁，迫使他们自己进行洗钱活动，银行成为洗钱活动的共犯。通过银行金融系统进行洗钱的方式还很多，例如将来源非法的小额现钞兑换成大额现钞、把黑钱以假名存入银行账户。

（一）现金走私

现金走私是一种传统的洗钱手段。即把犯罪所得的黑钱从金融监管十分严格的国家和地区走私到避税或洗钱"天堂"的国家或地区。走私现金，既可以利用现代化的交通工具，也可以是洗钱者自己携带现金出境。一般而言，当利用国内的金融机构洗钱变得困难时，走私货币的情形就会越来越多。资料表明，美国自1986年通过《洗钱控制法》以来，在加拿大边境、美国海关，每年查扣的货币以平均3倍的速度增长。

近年来，除走私现金外，洗钱者还通过走私贵重金属或艺术品的形式来清洗犯罪收益。一般过程是，洗钱者先用犯罪所得的现金购买贵重金属或艺术品，然后将其偷运到其他国家，在其他国家和地区将贵重金属或艺术品卖掉，将其转换的现金存入银行，再转入洗钱预定的国家和地区。

一些国家的银行存贷款和现金交易报告制度严格控制，大量的现金存入银行总会受到怀疑，因此越来越多的洗钱者把现金密集型行业作为洗钱的另一重要渠道。这些现金密集型行业包括赌场、酒吧、夜总会、游乐场、餐馆、金银首饰店

---

①唐智斌.论我国洗钱罪及其立法完善[D].北京：中国政法大学，2005.

等。洗钱者可以利用这些现金密集型公司作为前台公司、屏幕公司，将黑钱与销售收入混在一起，通过纳税宣布其为经营所得的合法收入，再将这些现金存入银行，完成黑钱"合法化"的过程。

值得注意的是，如今的洗钱行为不仅可以通过现金的渠道进行，更多的是通过网络的渠道进行。

（二）第三方支付通道

第三方支付通道在黑市上也称原生通道，是指未经过技术改动直接使用的洗钱通道，是使用时间较早且使用范围广泛的一种网络洗钱通道。目前最常见的有三种，分别是个人通道、商户通道、企业账户通道。

1.个人通道

个人通道即普通用户的第三方支付平台账户。非法网站用户的资金可直接转账到这类账户。个人码每日收款额度小，进行洗钱犯罪时需要大量个人账户轮换使用。由于国家职能部门加强对第三方支付平台的风控，使用个人通道的成本增加，其在洗钱犯罪中占比有所降低。

2.商户通道

商户通道俗称商户码，是通过营业执照相关材料注册的第三方商户账号，其收款额度高、不受异地收款和陌生人转账的风控限制。但是，这种通道注册成本较高，需要营业执照等相关材料，所以其售价较高，犯罪行为人使用数量较少。

3.企业账户通道

利用第三方支付平台企业账号所开通的各种服务产品，收款限制少、风控低，洗钱行为人借此可以进行大额交易。企业账户通道是第三方支付平台面向互联网平台商提供的服务产品，可以帮助平台完成各商户的交易资金处理。企业账户通道的技术支撑较强，利用此通道单笔收款额度高，单个账号日收款可达百万元。大额洗钱通常使用这种通道。

(三) 银联和网关通道

1.云闪付

云闪付是在中国人民银行指导下，中国银联携手各商业银行、支付机构等多方携手打造的移动端统一入口。利用云闪付洗钱可直接转账到银行卡。与其他第三方支付平台相似，云闪付中账户包括商家账户和个人账户。通过云闪付转账到商户后，需要经过正常清算程序，银行在第二个工作日将款项返给商户，个人账户则实时到账，不受清算影响，犯罪团伙需要大批量地使用个人账户。

目前，银联已经覆盖了超过数十个国家，云闪付拥有丰富的网络资金交易渠道。犯罪团伙可以在境外直接使用云闪付收款并自动转换成外汇，在境外实体店及电商平台购买商品再退款获得外汇或者现金，犯罪团伙仅使用一个平台就能完成多次洗钱。

2.网关支付

这是指银行通过金融网络系统和互联网之间的接口，将互联网上传输的数据转换为金融机构内部数据，确保交易在互联网用户和商家之间安全、无缝地传递，或者由指派的第三方支付平台处理商家和用户的支付指令。网关支付直连多家银行，系统可自动监控账户的收款，自动完成交易。

利用网关通道洗钱需要多个企业账户和个人账户。这些账户是"一次性"的，每次有"新客户"时洗钱团伙就需要使用新的账户。犯罪团伙为了保障自身安全会频繁更换账户，需要购买大量"四件套"和"八件套"。高额的手续费等问题使利用网关支付通道洗钱在黑市上的最低合作门槛为80万元，甚至更高。

(四) 第四方支付平台

由于第三方支付软件之间互不相通，聚合多个第三方支付平台的第四方支付平台应运而生。第四方支付平台本身不具备国家正规颁发的支付牌照，也没有资金结算资格，商户的准入门槛较低、无行业限制，符合部分犯罪团伙的需求。其特点主要是：搭建好系统、接入通道就可以进行资金交易操作；犯罪成本低、上线速度快，可以随时提取洗白的资金；交易手续费为3%～6%，高额利润，极具诱惑。这些特点使第四方交易平台在黑产中迅速发展。此类平台包括的通道有聚合通道、网购商城通道、话费通道和跑分通道等。

1.聚合通道

第四方支付平台其本身的聚合属性为用户和商家带来了便利，但当其被利用到洗钱犯罪活动中时，聚合属性便成为洗钱团伙躲避监管的重要手段。洗钱团伙将代付订单、个人收款码、商家收款码等接口做成一个二维码，用户只需要扫码即可跳转到相应的平台转账。当某个第三方支付平台监管加强时，洗钱团伙便使用其他的第三方支付平台账户继续进行洗钱活动。

2.网购通道

目前，最常见的有以下三种：

①代付订单通道。洗钱行为人在非法网站充值页面选择该支付方式并输入金额后，生成在某商城平台购买商品的 H5 页面，直接支付商品金额至商城商户，多以游戏点卡、游戏币等虚拟商品为主。

②商城转账通道。洗钱行为人在非法网站充值页面选择该支付方式并输入金额后，生成附有某正规平台跳转链接的 H5 页面，点击后跳转至平台 App 内的转账功能，可手动输入转账金额或者系统自动输入相应的金额。

③卡密通道。卡密是指带卡号密码的手机充值卡、汽车加油卡等虚拟物品，在卡密通道模式中，洗钱团伙通常不会直接代替犯罪团伙收款，从受害人手中非法获取的资金需要犯罪团伙自己接收，然后将黑钱转到洗钱团伙指定的网店购物，这样的资金也被称作"二道资金"。洗钱团伙所提供的卡密比正常充值卡价值更高，比如价值100元的充值卡犯罪团伙购买时需要付费105元，多出的费用可看作洗钱团伙所收取的手续费，犯罪团伙购买充值卡后，再到其他平台抛售充值卡完成提现。

3.话费通道

犯罪团伙通过非法渠道获取话费充值渠道商正常用户的充值订单信息，利用技术手段将洗钱充值订单与话费充值订单匹配，最终掩盖犯罪资金（比如网络赌博的赌资）充值的流水，让参与犯罪人员（比如赌客）为正常用户完成话费充值，并且拦截正常用户支付的话费资金用来结算给洗钱平台。话费通道多为赌博平台所使用，通常话费通道充值的金额均为固定金额。同时，犯罪团伙为降低风控，充值额度会根据话费充值的时间曲线变化，比如每月月初和月末时充值额度较大，而每月月中时充值额度较小。

（五）虚拟货币通道

虚拟货币具有去中心化和匿名化的特点，并且难以受到金融管制。近年来虚拟货币被频繁利用到网络犯罪与洗钱活动中，有逐渐发展成未来主要洗钱通道的趋势。目前，虚拟货币中的主流货币包括比特币（BTC）、以太坊（ETH）、泰达币（USDT）、瑞波币（XRP）等。在洗钱活动中被使用最广泛的为 USDT。相比其他虚拟货币，USDT 市场波动较小，对使用虚拟货币洗钱的团伙风险较小。

买卖虚拟货币主要分为场内交易、场外交易、法币交易、币币交易等模式，场外交易所能够向用户提供主流虚拟资产的现货和衍生品交易服务。首先，受害人将现金转账给犯罪团伙或者直接提供给洗钱团伙，洗钱团伙采用担保、押金、同台合作等方式保证洗钱交易的安全性，避免"黑吃黑"。其次，洗钱团伙负责将黑钱洗白，抽取手续费后将等值的虚拟货币交给犯罪团伙。最后，犯罪团伙再通过直接发起出售订单、私下场外交易或者再次通过场外交易所将虚拟货币兑换成现金。

值得注意的是，每种犯罪类型洗钱通道不尽相同。一般情况下，电信网络诈骗通常使用虚拟货币洗钱通道。国家对平台监管日趋严厉，利用第三方通道洗钱风险提升，受害人在被骗后会迅速报警，并向转账所使用的第三方支付平台发起投诉，而投诉率过高会导致支付通道被封禁，这给洗钱团伙带来巨大的风险，所以电信网络诈骗几乎不使用网购通道、话费通道和聚合通道。网络赌博通常使用第三方支付、银联和网关、聚合通道、虚拟货币和跑分平台，有时也会用到话费通道和网购通道。色情犯罪通常使用聚合通道、话费通道、跑分平台和网购通道。

二、培植阶段

培植阶段也称离析阶段，是指通过在不同国家之间的错综复杂的交易，给犯罪收益造成一幅虚假的画面，模糊犯罪收益的真实来源、性质以及犯罪收益与犯罪的联系，使犯罪收益与合法资金难以分辨，导致司法机关对犯罪收益的识别和追踪更加困难。在该阶段，为了掩饰和隐瞒非法收益所采取的活动往往是扑朔迷离的，因此，又有人将此阶段称为"层层设迷"。1992年，意大利检察官在对一起贿赂所得洗钱活动调查中发现，为了隐瞒和掩饰犯罪收益，洗钱者不仅使犯罪收益在意大利、巴哈马群岛、瑞士、新加坡、中国香港以及列支敦士登等多个国家和地区流转，而且使用了多家银行和公司，整个洗钱过程非常复杂[①]。为了掩盖资金流动线索和隐藏犯罪财产实际控制人的身份，该阶段犯罪分子常常通过资金在地理位置上的转移、名义上所有人的改变、资产形式上的转化等手段来达到目的。值得注意的是，这一阶段的资金流动多是跨国界进行的，而且大多流向银行保密制度较严的国家和地区，这使犯罪收益的追查较为困难。

从目前国际和国内的实际情况来看，这些方式主要有以下几种。

（一）利用电子通汇系统转移赃钱

这是控制洗钱面临的新挑战。洗钱者可以通过电子划拨等先进技术，在一天内使资金进行多次环球移动，大大增加追查洗钱的难度。由于这种方式具有速度快、距离远、高度保密性的特点，且各国对此方式尚缺乏有效的规范机制，因而为大多数犯罪分子所青睐。现今社会洗钱者常用的电子通汇系统包括以下几种。

1.直付通洗钱模式

直付通洗钱模式是洗钱行为人利用企业账户通道进行洗钱的方式。其中，第三方支付平台以直付通业务形式为企业提供代理服务。比如，企业搭建网上商城购物平台，但是其没有支付系统和支付牌照，就需要凭借企业注册登记资质与第三方支付平台对接，也就是企业把资金结算业务外包给第三方支付平台，其他商户就可以通过直付通进行收款。

2.跑分平台模式

跑分平台作为第四方支付的延伸，主要面向个人参与者，在缴纳相应的保证

---

①高铭暄，米海依尔·戴尔玛斯–马蒂.经济犯罪和侵犯人身权利犯罪的国际化及其对策[M].赵秉志，等译.北京：中国人民公安大学出版社，1996：230–231.

金后，个人跑分参与者即可开始接单，跑分平台利用大量个人账户为非法平台收款，从而降低洗钱成本，分散洗钱团伙风险。犯罪团伙所使用的收款账户主要是个人银行账户以及个人第三方账户。跑分参与者除在平台上进行接单外，也私下约定进行代收的跑分业务。

3.跑分平台与第四方支付平台相结合模式

跑分平台与第四方支付平台相结合模式是指网络非法平台（网络赌博平台）和跑分平台中间增加了第四方支付平台。这使黑钱在各平台之间流转的次数比单纯跑分平台更多，交易环节更加复杂，资金流向的掩饰性更高，最终导致资金的追查难度更大。网络非法平台、跑分平台和第四方支付平台以及参与跑分个人之间都存在缴纳押金的情况，涉及的资金账户数量众多且关系繁杂，中间存在多次资金的汇聚和分散，给涉案资金的追踪和分析工作带来很大困难。跑分平台与第四方支付平台相结合是目前犯罪团伙使用较多的模式。

4.跑分平台、第四方支付平台和虚拟货币相结合模式

跑分平台、第四方支付平台和虚拟货币相结合模式，是指犯罪团伙在洗钱过程中开展各平台之间资金结算时引入虚拟货币，然后在区块链上完成资金的多次拆分和聚集，通过承兑商、场外虚拟货币交易所和私下场外交易等形式将虚拟货币转换成法币，从而完成洗钱的行为方式。

（二）利用银行联合账户

洗钱者可以委托银行，利用银行在证券公司的联合账户为洗钱者购买股票。

（三）利用保险经纪人

即保险经纪人接受赃钱后，向保险公司购买大量养老保险金，随后即解约并领回保险公司退款开出的支票，遂其洗钱目的。

（四）利用期货经纪人

洗钱者利用期货交易中以期货经纪人的名义进行交易的特点，通过期货经纪人将黑钱投资到期货市场，同时也利用期货交易市场的多变性和交易技术的复杂

性，为追查黑钱设置重重障碍。

三、融合阶段

融合阶段也称归并阶段，是洗钱过程中最后一个环节，是指犯罪收益经过充分的培植之后，已经和合法资金混同，融入合法的金融和经济体制中，此时，犯罪收益（黑钱）已经披上合法的外衣，以一种新的面目重新回到犯罪收益的受益人手中。这个阶段洗钱者常用方式主要有以下几种。

（一）以黑钱偿还贷款

洗钱者从事投资，先以合法资金支付定金，其余款项则向银行贷款，之后洗钱者以黑钱偿还贷款。

（二）以国外银行账户担保贷款

例如，洗钱者以其控制的公司在瑞士银行开户并将黑钱汇入账户。之后以该公司名义向本国银行贷款并由瑞士银行出具担保。公司取得贷款后，故意不清偿贷款而任由贷款人扣押公司在瑞士银行账户内的黑钱。

就其贷款而言，洗钱者所取得的是合法财产。

（三）伪造不实进出口发票

洗钱者利用国外子公司名义高价出售货物给母公司，这样黑钱就成为合法的交易收入。

（四）逆向洗钱

洗钱者找到同意申报低于真正的购买价格然后再私下支付差价的中介商，而后以市价出售，这样部分黑钱就被洗净。例如，洗钱者可以用100万美元买到200万美元的房地产，随后将差额100万美元以黑钱补给中间差，洗钱者在持有房地产后，立即以200万美元的价格出售房地产，这样100万元就被洗净。

以上是就洗钱过程进行理论化后的典型分析。实践中，洗钱的这三个环节时常难以截然分开。例如，利用现金密集行业进行洗钱的过程既包含放置与融合的过程，也包含培植过程。正是如此，理论上有的人将此种情况列入"处置阶段"，有的则将其归于"融合"阶段。但一般来说，放置阶段对洗钱者来说是最为关键的一步，也是最困难的一步。犯罪收益一旦进入培植阶段，识别和跟踪就会变得相对困难，尤其是对于跨国洗钱来说，由于犯罪收益往往在多个国家间流转，各国法律之差异，银行保密法则限制之不同，使得一国对洗钱的控制往往鞭长莫及。

【典型案例】

2014年，南昌市银某房地产开发有限公司为低价取得山某村157.475亩土地使用权进行房地产开发，多次向熊某行贿，曾某以提供银行账户、转账、取现等方式，帮助熊某转移受贿款共计3700万元。其中，2014年1月29日，曾某受熊某指使，利用众某公司银行账户接收银某房地产开发有限公司行贿款500万元，然后转账至其侄女曾某琴银行账户，再拆分转账至熊某妻子及黑社会性质组织其他成员银行账户。2月13日，在熊某帮助下，银某公司独家参与网上竞拍，并以起拍价取得上述土地使用权。4月至12月，熊某利用其实际控制的江西雅某实业有限公司银行账户，接收银某公司以工程款名义分4次转入的行贿款，共计3200万元。后曾某受熊某指使，多次在雅某公司法定代表人陈某陪同下，通过银行柜台取现、直接转账或者利用曾某个人银行账户中转等方式，将上述3200万元转移给熊某及其妻子、黑社会性质组织其他成员。上述3700万元全部用于以熊某为首的黑社会性质组织的日常开支和发展壮大。

【案例分析】

本案中的犯罪人就是通过银行现金支付的方式进行洗钱，从而掩盖其上游贪污贿赂犯罪得到的非法收入。

第二节 针对不同阶段所采取的措施

面对洗钱行为的发生，警察工作该如何开展需要一个系统的规划，针对不同阶段采取不同反应是对警务活动的灵活安排，摒弃了唯反应论。此外，在针对放置、离析、归并三个洗钱阶段展开具体侦查措施的同时，还应结合洗钱犯罪阶段性、复杂性、隐秘性等特点在侦查工作中注意适时地开展防治工作。以下我们将分阶段探讨在洗钱犯罪二级预防体系中，公安机关如何打击洗钱犯罪。

一、放置阶段

在放置阶段，犯罪分子想方设法将毒品、走私、贪污贿赂等上游犯罪中所得的黑钱利益通过各种方式进入金融系统。例如，提供资金账户，将现金存入银行账户中，这为转移资金提供了巨大的便利。公安机关在洗钱犯罪的这个阶段为了及时发现犯罪分子将黑钱放入清洗系统，主要应采取以下措施。

（一）在公安机关和金融机构之间设置专门的沟通人员

在公安机关内部设立专门的部门或者指定特定的人员，让其与金融机构或金融行业相关人员建立起合作关系，还应从金融机构内部物色能贴靠上洗钱活动人员的特殊情报人员，有了这样的合作关系，一旦洞察到了犯罪分子在处置阶段有洗钱活动，便可利用特殊情报人员特有的工作方法，单线、定时地获取洗钱活动在处置阶段的情报信息，以加强洗钱犯罪案件的线索来源，争取将洗钱犯罪消灭在初始阶段。

（二）侦查机关发现可疑应立即与金融机构合作进行相关资料审查

在侦查机关与金融机构合作时，若发现了储户资金有可疑之处时，公安机关应立刻与相关金融机构对户主有关情况进行审查，同时调取有关洗钱的证据。

（三）公安机关在特定情况下可直接派驻侦查员到金融机构收集资料

公安机关在洗钱活动处置阶段，如果已经掌握了一定的犯罪证据且为了取证必要，可以直接派驻侦查员到金融机构，进行相关信息的搜集和调查取证工作。

（四）对于犯罪收益转化的证券等情报信息应由专门人员负责第一步调查核实

对于公安机关通过各种渠道获得的有关将犯罪收益转化为证券、票据、国债或者非法提供资金账户、银行账户编号的情报信息等，应由专门人员负责搜集整理并进行进一步调查。若情况属实，应及时立案侦查。

二、培植阶段

在培植阶段，犯罪分子想要通过复杂的金融交易活动来掩饰资金的非法性质和来源，其目的就是使非法所得与其来源分开。为了及时发现犯罪分子的掩饰手段使其目的不能达到，并迅速作出反应，公安机关在该阶段应采取下列措施。

（一）公安机关与金融机构建立联合稽查监督部门

我们知道在培植阶段犯罪分子常常通过资金在地理位置上的转移实现资金培植，此时，公安机关可以与证券公司、银行等金融机构建立联合稽查监督机制，防范内部人员协助上游犯罪分子将非法资金转换为现金、汇票、支票等金融票据，以实现资本的外逃。一旦被稽查监督机构发现，应立即采取冻结账户或扣押票据等措施使非法收益特定化，揭开其黑钱的真面目。另外，公安机关还可以加强与国家贸易机关的联系，进行有关金融信息的交换和咨询，防止犯罪分子通过转账、承兑等结算方式将资金转移或汇往境外。

（二）公安机关会同金融机构打击地下钱庄

保守估计，国内每年通过地下钱庄洗出去的黑钱至少高达20亿元，其中走私黑钱约为700亿元。例如，厦门远华赖昌星集团从1996—1998年，多次通过福建晋江一地下钱庄将多达120亿元的走私所得非法收入汇往香港，以逃避国家监管和税收①。因此，为了依法取缔为犯罪分子洗钱的地下钱庄，经侦部门会同银行等金融机构应加强对非法个人吸储市场的查处和打击。一旦发现地下钱庄的踪影，就应毫不手软地铲除。

三、融合阶段

在融合阶段，经清洗以后的上游犯罪资金，已难以被他人察觉其非法性质和来源。紧接下来，犯罪分子则会将放置、培植后的资金以合法的名义投放回正当的经济领域。例如，将非法资金投资于第三产业等大量使用现金的行业或者用非法资金购买不动产、股票、证券等。因为非法资金经过了清洗，其性质、来源都披上了合法的外衣，所以该阶段是公安机关侦查最困难的阶段，公安在这个阶段对洗钱活动该采取的措施主要有以下几项。

（一）公安机关对重大嫌疑对象进行外部监控

一旦发现犯罪分子的洗钱活动进入到最后的融合阶段，公安机关应通过犯罪情报信息对重大嫌疑对象，特别是非法资金注入的企业集团、公司实施外部监控，审查其注册资金的来源，必要时可以采取密搜、密取、密拍、窃听等特殊的取证措施，搜集各种犯罪嫌疑人对犯罪收益的投资所做的有关记录、账目等证据资料。

（二）侦查部门和金融机构加大对大宗金钱收付的监管

从洗钱活动的特点可以看出大宗的金钱频繁进出是非常可疑的。在融合阶段，只要侦查部门和银行系统加大对大额外汇收付和无背景的大额人民币支付的监管，就不难发现洗黑钱的现象。同时，通过监控用上游犯罪收益作投资的现金密集型企业内部的资金流动情况，也可以随时察觉洗钱活动。

---

①韩立峰.论洗钱犯罪的特点、手段及防治对策[N].武汉公安干部学院学报，2004，18（3）：66-72.

（三）公安机关与税务机关合作对犯罪分子进行监控

在洗钱过程融合阶段中，犯罪分子往往在交易活动中达成虚假交易，这里的虚假交易是指犯罪分子一方虚称交易额高于实际交易额，以虚称交易额进行纳税登记，那么虚称交易额与真实交易额之间就会存在一个表面上合法的差额，犯罪分子进而用此来进行洗钱犯罪。公安机关在面临此种情况时，应该与税务机关等合作，对犯罪分子进行监控，揭露这种虚假的商业活动，从而顺藤摸瓜找到非法资金源头，在打击洗钱行动的同时也打击上游犯罪。

第八章　洗钱犯罪三级预防体系

　　洗钱犯罪三级预防是一种犯罪事后的控制，其核心内容就是反洗钱调查与洗钱犯罪刑事侦查。

第一节　反洗钱调查

一、反洗钱调查的概念与特征

　　反洗钱调查是指金融机构向反洗钱行政主体提供可疑交易报告后，反洗钱行政主体为了进一步补充信息和收集资料，依照法定职权和程序对可疑交易的有关情况进行调查核实的具体行政行为，并将确实存在洗钱风险的可疑交易报告移交侦查机关[①]。可疑交易报告只能表明反洗钱行政主体认为交易人涉嫌洗钱犯罪、具备洗钱风险，必须通过侦查机关进行进一步核对事实和查找证据后，才能断定该行为是否确实属于洗钱犯罪行为。

　　依据《中华人民共和国刑事诉讼法》（以下简称《刑事诉讼法》）规定，公安、安全等侦查机关进行侦查活动，必须依照先立案，后侦查的规定。但是由于当前金融科技水平逐渐提高，导致洗钱活动完成的时间逐渐缩短，留给侦查机关的时间越来越少。如果仅依靠金融机构收集的可疑交易报告和抽象的分析结论向侦查机关报案，不仅材料和证据不够清晰充分，还会使侦查机关陷入过多的可疑

　　[①]刘禹婷.社会组织开展反洗钱和反恐怖融资工作的探索与思考：以黑龙江省为例[J].黑龙江金融，2018（12）：64-65.

交易报告中，难以高效分析何种可疑交易属于犯罪并需要立案。《反洗钱法》所设置的反洗钱调查制度，不仅能够使反洗钱行政主体在第一时间采取行政调查措施，有效缓解罪犯出逃以及资金转移等紧急问题，还可以通过行政机关对可疑交易进行有效筛选，从而提高刑事侦查效率。

根据《反洗钱法》《中国人民银行反洗钱调查实施细则（试行）》等反洗钱调查制度的规定，可窥见反洗钱调查具有以下特征：其一，反洗钱调查是一种职权主义调查[①]。这种调查基于反洗钱行政主管部门与反洗钱义务主体间的法律关系而存在，有且仅有特定部门可实施反洗钱调查行为。其二，反洗钱调查的主体具有限定性。为兼顾商业隐私、个人权利与惩治洗钱法犯罪，仅中国人民银行及其省一级派出机构具有反洗钱调查权，在打击惩治犯罪的情况下最大限度保护合法的隐私和权利。其三，反洗钱调查的客体在一定范围内未明确规定，部分规定较为开放，具备一定自由裁量的特点。反洗钱调查的客体是金融机构上报的可疑交易活动，目前金融机构对可疑交易的划分一般依据《金融机构大额交易和可疑交易报告管理办法》第三章可疑交易报告，其规定的可疑交易判断标准和参考因素较为笼统，由于实践中可疑交易活动的多样性和变动性，将何种交易认定为可疑交易很大程度上需要反洗钱调查主体进行自由裁量。其四，反洗钱调查目的和对象具有特定性。反洗钱调查的目的是分析可疑交易活动是否存在违法犯罪行为，决定是否将可疑交易移交刑事侦查机关进行侦查，在调查核实的过程中收集的信息资料与相关证明无法作为法院审判时的依据，仅能对可疑交易活动中是否存在违法犯罪情况做出解释说明。反洗钱调查的对象仅为金融机构，对其他单位和个人不能采取反洗钱调查措施。

二、反洗钱调查的指导原则

反洗钱调查的指导原则是以行政法基本原则为导向，以反洗钱调查工作的主要特征和根本需求为基础，形成的具有普适性的、适用于反洗钱调查制度一切效力范围的、关系到反洗钱调查全局性的原则。指导原则应贯穿反洗钱调查的各个

---

①陆宇生，商金华.反洗钱行政调查案例引发的思考[J].金融纵横，2007（1）：54-55.

方面，不仅能够指导立法者创制相关制度，还能够促进反洗钱行政主管部门在实施行政行为时正确衡量各方面要求。当法律法规存在不能适应社会关系和经济发展而需要修改完善的问题时，其同样应当发挥指引功能，使相关建议具有上升为规范的可能性，使之与其他法律法规保持协调，也保证法律法规在更新的同时具备稳定性。《中国人民银行反洗钱调查实施细则（试行）》第三条提出，反洗钱调查应当遵循合法、合理、效率和保密的原则，在当前世界反洗钱环境下仍然起到重要的调整与指引作用。反洗钱调查遵循该基本原则，有助于提升调查质量，更好地把握调查方向；有利于克服反洗钱调查过程中行政调查主体存在的主观随意性和盲目性；也有利于减少或避免调查失误，降低工作成本，提高工作效率。

（一）合法性原则与合理性原则

合法性原则与合理性原则相辅相成，二者互为表里，不可偏颇，合法性原则是根本，合理性原则是延伸。反洗钱调查中，合法性原则体现在内容和形式两方面：从内容上讲，包括行政调查主体合法，即行政调查主体是否为国务院反洗钱行政主管部门及其省一级派出机构。调查程序合法，即在调查过程中包括采取询问、复制、查阅等执行措施时，所依据的程序符合规定。调查权限合法，即采取特定反洗钱调查措施时是否报请最高反洗钱行政主管部门的负责人批准。从形式上讲，合法性原则要求反洗钱调查行为不仅需要符合《反洗钱法》相关规定，同时也要符合宪法、法律、行政法规、规章制度等各类规范性文件的要求。一切行政调查行为的实施都要以法律（广义）为依据，严格遵守法律的相关规定，不得享有法律之外的特殊权力，不能超越其权限进行行政调查行为。同时，反洗钱调查不仅要符合法律条文，也要符合法的精神，以法律为准绳，彰显公平正义，尊重和保障金融机构和个人合法权利，坚持执法为民。

合理性原则是指行政机关行使自由裁量权时必须符合法律规定。具体来说，即反洗钱行政主管部门在进行行政调查活动中必须具备符合公共利益的正当理由，不得为牟取私利而滥用权力。由于反洗钱调查中具有较多的行使自由裁量权的情形，因此必须更加注重合理裁量的意义。反洗钱调查中，选择采取何种调查措施时，需要考虑合理性原则以确定采取询问、查阅、复制、临时冻结或封存中的一种或几种措施，兼顾效率与公平。首先，行政调查需要符合客观存在的实际情况，也就是"实事求是"。其次，行政调查必须符合法律目的，符合国家的根本利益和人民的普遍需求。再次，反洗钱行政主管部门必须根据真实、可靠的证据采取对应恰当的行政调查措施。最后，进行合理性裁量时，应综合考虑某些特殊事由是否足以对反洗钱调查中相关决定的公平公正性产生影响，以是否有利于公共利益的实现作为合理性判断的根本标准，以达到调查活动效益最大化为最终目的。

（二）效率原则与保密原则

效率原则与保密原则互为保障，缺少保密会使效率成为侵犯权利的工具，缺少效率则保密也就失去了其应有的意义，二者均建立在合法性原则之上。效率原则是行政机关在行使其职能时，坚持三个最少，两个最多。具体来说，三个最少是指时间最少、人员最少、经济耗费最少，两个最多是指办事最多、社会效益与经济效益最多。在反洗钱调查中，必须严格遵守反洗钱调查程序和时限，在法定期限内高效完成调查任务，做出明确的调查决定；反洗钱行政主管部门应具备一支组织精干的调查人员队伍，提高工作效率，避免拖延情况的发生；调查中讲求"成本—效益"分析，力求以最少的资源投入换取最大的成效，提高调查积极性和准确率。效率原则的主体包括两部分：行政调查主体和行政调查相对人。实践中对二者的效率应予以同样关注，力求实现尽可能多的总体效益。效率原则要求在最小的实施成本的前提下，尽可能促进行政调查活动效率的提高、调查对象反馈与配合行政行为效率的提高。在调查机构的设置上注重各部门之间相互配合作用，在调查程序上强调程序的协调、迅速、便利。精简行政调查的各个环节和步骤，提高行政调查程序的有效操作性，将行政调查过程中的效率原则与维护国家利益和公民合法权利相统一，二者互相促进，形成高效稳定的社会治理局面。

保密原则是在反洗钱调查中获知的有关保密信息资料，不得随意泄露。反洗钱调查往往接触较多商业和个人隐私，基于这种隐秘性和不可传播性，必须更为注重各个环节可能存在的泄密风险。由于在行使权力的过程中，尤其是在分析洗钱线索与调查具体犯罪及其上游犯罪时，会涉及对个人信息的深度挖掘和调查，因此有必要预防反洗钱行政主管部门内部工作人员对于隐私的不恰当处理行为。

被调查机构也需要遵循保密原则，金融机构工作人员应及时、客观、真实、完整地反馈被调查信息，在接受询问后对相关信息不得随意泄露，在遵循法律规定的基础上，为调查主体顺利开展调查提供充分的资料。

三、反洗钱调查的适用条件

我国《反洗钱法》第二十三条规定：国务院反洗钱行政主管部门或者其省一级派出机构发现可疑交易活动，需要调查核实的，可以向金融机构进行调查，金融机构应当予以配合，如实提供有关文件和资料。调查可疑交易活动时，调查人员不得少于两人，并出示合法证件和国务院反洗钱行政主管部门或者其省一级派出机构出具的调查通知书。调查人员少于两人或者未出示合法证件和调查通知书的，金融机构有权拒绝调查。但是，我国《意见稿》第三十九条则规定：国务院反洗钱行政主管部门或者其设区的市一级以上派出机构通过下列方式发现的涉嫌洗钱、恐怖主义融资的可疑交易活动或者违反本法的其他行为，需要调查核实的，可以向金融机构和特定非金融机构或者其他相关单位和个人进行调查，接受调查的单位和个人应当予以配合，如实提供有关信息和资料：

（1）金融机构和特定非金融机构按照规定报告的；

（2）履行反洗钱职责或者经资金监测发现的；

（3）有关机关立案后，依法请求协助调查涉嫌洗钱、恐怖主义融资资金交易信息的；

（4）通过国际合作渠道获得的；

（5）其他有合理理由认为需要调查核查的。

反洗钱行政主管部门对特定非金融机构进行调查的，必要时，请求有关特定非金融机构主管部门协助调查。

由此可见，《意见稿》对于反洗钱调查的适用条件规定得更为详细，我们这里就从《意见稿》的规定出发，分析反洗钱调查的适用条件。

（一）反洗钱调查的主体是中国人民银行或其设区的市一级以上派出机构

由《意见稿》第三十九条规定可以看出，反洗钱的主体是国务院反洗钱行政主管部门，是反洗钱部际联席会议牵头单位，也就是中国人民银行。而对于反洗钱主体的派出机构，《意见稿》则规定为设区的市一级以上的派出机构，与《反洗钱法》中的省一级派出机构相比，这个规定进一步扩大了反洗钱调查的主体范围，更有利于在金融交易中发现可疑交易活动并对该交易开展调查工作。

（二）反洗钱调查的对象是涉嫌洗钱、恐怖主义融资的可疑交易活动或者违反本法的其他行为

2007年中国人民银行公布《中国人民银行反洗钱调查实施细则（试行）》中规定了中国人民银行及其省一级分支机构应对其辖区内的可疑交易进行反洗钱调查。第六条规定了中国人民银行及其省一级分支机构发现下列可疑交易活动，需要调查核实的，可以向金融机构进行反洗钱调查：

（1）金融机构按照规定报告的可疑交易活动；

（2）通过反洗钱监督管理发现的可疑交易活动；

（3）中国人民银行地市中心支行、县（市）支行报告的可疑交易活动；

（4）其他行政机关或者司法机关通报的涉嫌洗钱的可疑交易活动；

（5）单位和个人举报的可疑交易活动；

（6）通过涉外途径获得的可疑交易活动；

（7）其他有合理理由认为需要调查核实的可疑交易活动。

而对于可疑交易的内容，中国人民银行在2016年修订的《金融机构大额交易和可疑交易报告管理办法》对可疑交易标准已进行了明确的规定。

应当注意的是，对于司法机关请求中国人民银行协助侦查洗钱案件的情况，由于其调查客体是洗钱案件事实或立案后的证据，并非可疑交易活动，因此，这并不是真正的反洗钱调查。中国人民银行为制定反洗钱法规而进行的专题调研、在反洗钱行政处罚前进行的调查取证等活动，因其调查客体也非可疑交易活动，所以也不是反洗钱调查活动。最后，可疑交易活动需要调查核实。这就要求在发现可疑活动后，对该活动开展调查核实。如果认为可疑交易活动明显与洗钱活动无关就没有必要启动调查核实程序。

（三）反洗钱调查的内容是特定的

中国人民银行公布《中国人民银行反洗钱调查实施细则（试行）》第十八条规定实施反洗钱调查时，调查组应当调查如下情况：

（1）被调查对象的基本情况；

（2）可疑交易活动是否属实；

（3）可疑交易活动发生的时间、金额、资金来源和去向等；

（4）被调查对象的关联交易情况；

（5）其他与可疑交易活动有关的事实。

四、反洗钱调查权的内容

反洗钱调查权是反洗钱调查制度的核心内容之一，是调查主体开展调查活动的权利依据。《反洗钱法》仅在第二十三条和第二十四条两条法条规定了反洗钱调查权，而《意见稿》则在《反洗钱法》的基础上对反洗钱调查权做了更详细的规定。

（一）询问权

《意见稿》第三十九条规定国务院反洗钱行政主管部门或者其设区的市一级以上派出机构发现的涉嫌洗钱、恐怖主义融资的可疑交易活动或者违反《意见稿》的其他行为，可以对相关单位或者个人进行询问，要求其说明情况。

《反洗钱法》第二十四条和《意见稿》第四十一条均规定：询问应当制作询问笔录。询问笔录应当交被询问人核对。记载有遗漏或者差错的，被询问人可以要求补充或者更正。被询问人确认笔录无误后，应当签名或者盖章；调查人员也应当在笔录上签名。

（二）查阅、复制权

《意见稿》第四十二条和《反洗钱法》第二十五条均规定：反洗钱调查中需要现场核查的，可以查阅、复制被调查对象的账户信息、交易记录和其他有关资料。同时在查阅相关信息后还可以对所查阅的资料予以复制，有关部门和人员应予以配合。

（三）封存权

《意见稿》第四十二条和《反洗钱法》第二十五条均规定：在反洗钱调查中，对可能被转移、隐藏、篡改或者毁损的文件、资料，可以予以封存。调查人员封存文件、资料，应当会同在场的金融机构或特定非金融机构工作人员查点清楚，当场开列清单一式二份，由调查人员和在场的金融机构或特定非金融机构工作人员签名或者盖章，一份交金融机构或特定非金融机构，一份附卷备查。

《意见稿》第四十三条规定：询问和现场调查可疑交易活动时，调查人员不得少于两人，并出示合法证件和国务院反洗钱行政主管部门或者其设区的市一级以上派出机构出具的调查通知书。调查人员少于两人或者未出示合法证件和调查通知书的，单位和个人有权拒绝接受调查。

（四）临时冻结权

《意见稿》第四十四条和《反洗钱法》第二十六条均规定了临时冻结权，且二者表示内容基本一致。

经调查不能排除洗钱、恐怖主义融资嫌疑，且客户要求将调查所涉及的账户资金进一步转移的，除向有管辖权的机关移送外，经国务院反洗钱行政主管部门负责人批准，还可以采取临时冻结措施。

有关机关接到线索后，对已临时冻结的资金，应当及时决定是否继续冻结。有关机关认为需要继续冻结的，依照《刑事诉讼法》《中华人民共和国国家监察法》等的规定采取冻结措施；认为不需要继续冻结的，应当立即通知国务院反洗钱行政主管部门，国务院反洗钱行政主管部门应当立即通知金融机构解除冻结。

临时冻结不得超过四十八小时。金融机构在按照国务院反洗钱行政主管部门的要求采取临时冻结措施后四十八小时内，未接到有关机关继续冻结通知的，应当立即解除冻结。

五、反洗钱调查程序

反洗钱调查程序是指国务院反洗钱行政部门在整个反洗钱调查过程中所采用的方法和步骤的总称。理论上，反洗钱程序应包括三个阶段，即准备阶段、调查实施阶段以及调查结束阶段。尽管我国《反洗钱法》和《意见稿》只对调查实施阶段的主要程序进行了规定，但我国《中国人民银行反洗钱调查实施细则（试行）》对调查准备阶段、实施阶段和结束阶段都做了详细的规定。

（一）调查准备阶段

在进行反洗钱调查之前往往需要做好一系列的准备工作，以便正式调查的顺利展开。主要应做好以下准备工作：

1.登记存档

中国人民银行及其派出机构发现符合《中国人民银行反洗钱调查实施细则（试行）》规定的可疑交易活动时，应当登记，作为反洗钱调查的原始材料，妥善保管、存档备查。该步骤是留存反洗钱调查的原始备查材料，为之后的反洗钱调查以及为洗钱犯罪的刑事侦查工作做准备。

2.调查立项

中国人民银行及其派出机构对可疑交易活动进行初步审查，认为需要调查核实的，应填写《反洗钱调查审批表》，报行长（主任）或者主管副行长（副主任）批准。该步骤是反洗钱调查的启动程序，在对可疑交易报告作出准确判断后，认为需要调查核实的就可以申请立项调查。

3.成立专项小组并制定初步调查方案

中国人民银行及其派出机构实施反洗钱调查前应当成立调查组。调查组成员不得少于两人，并均应持有《中国人民银行执法证》。调查组设组长一名，负责组织开展反洗钱调查。必要时，可以抽调中国人民银行地市中心支行、县（市）支行工作人员作为调查组成员。对重大、复杂的可疑交易活动进行反洗钱调查前，调查组应当制定调查实施方案。

特别需要注意的是，调查人员与被调查对象或者可疑交易活动有利害关系，可能影响公正调查的，应当回避。

4.事先通知

调查组在实施反洗钱调查前，应制作《反洗钱调查通知书》，并加盖中国人民银行或者其省一级分支机构的公章。调查组可以根据调查的需要，提前通知金融机构，要求其进行相应准备。此外，当被调查机构对调查有异议时，事先通知还便于法院或复议机关的事后审查。

（二）调查实施阶段

我国《反洗钱法》《意见稿》及反洗钱的有关法律法规对调查实施阶段的主要程序做了严格的规定，整个调查程序必须按照法律法规的规定进行，否则构成违法。

1.出示证明文件并说明情况阶段

反洗钱调查的方式包括书面调查或者现场调查的方式，在实施现场调查时，调查组到场人员不得少于两人，并应当出示《中国人民银行执法证》《反洗钱调查通知书》。调查组组长应当向金融机构说明调查目的、内容、要求等情况。

2.询问阶段

实施现场调查时，调查组可以询问金融机构的工作人员，要求其说明情况。询问应当在被询问人的工作时间进行。询问可以在金融机构进行，也可以在被询问人同意的其他地点进行。询问时，调查组在场人员不得少于两人。询问前，调查人员应当告知被询问人对询问有如实回答和保密的义务，对与调查无关的问题有拒绝回答的权利。

询问时，调查人员应当制作《反洗钱调查询问笔录》。询问笔录应当交由被询问人核对。询问笔录有遗漏或者差错的，被询问人可以要求补充或者更正，并按要求在修改处签名、盖章。被询问人确认笔录无误后，应当在询问笔录上逐页签名或者盖章；拒绝签名或者盖章的，调查人员应当在询问笔录中注明。调查人员也应当在笔录上签名。

被询问人可以自行提供书面材料。必要时，调查人员也可以要求被询问人自行书写。被询问人应当在其提供的书面材料的末页上签名或者盖章。调查人员收到书面材料后，应当在首页右上方写明收到日期并签名。被询问人提供的书面材料应当作为询问笔录的附件一并保管。

3.查阅、复制与封存阶段

实施现场调查时，调查组可以查阅、复制被调查对象的下列资料：

（1）账户信息，包括被调查对象在金融机构开立、变更或注销账户时提供的信息和资料；

（2）交易记录，包括被调查对象在金融机构进行资金交易过程中留下的记录信息和相关凭证；

（3）其他与被调查对象和可疑交易活动有关的纸质、电子或音像等形式的资料。

特别值得注意的是，查阅、复制电子数据应当避免影响金融机构的正常经营。

调查组可以对可能被转移、隐藏、篡改或者毁损的文件、资料予以封存。封存期间，金融机构不得擅自转移、隐藏、篡改或者毁损被封存的文件、资料。

调查人员封存文件、资料时，应当会同在场的金融机构工作人员查点清楚，当场开列《反洗钱调查封存清单》一式二份，由调查人员和在场的金融机构工作人员签名或者盖章，一份交金融机构，一份附卷备查。金融机构工作人员拒绝签名或者盖章的，调查人员应当在封存清单上注明。必要时，调查人员可以对封存的文件、资料进行拍照或扫描。

4.临时冻结阶段

经反洗钱调查仍然不能排除嫌疑，且客户要求将调查所涉及的账户资金转往境外的，经中国人民银行行长或者主管副行长批准采取临时冻结措施的，由中国人民银行制作《临时冻结通知书》，并加盖中国人民银行公章后正式通知金融机构按要求执行。

（三）调查结束阶段

调查结束是指调查人员在进行完主要调查取证活动后，应对收集的资料、信息加以分析，提出相关处理意见，并制作成报告。以便在递交给侦查机关后，能使其迅速了解整个洗钱活动，快速而及时地打击整个洗钱犯罪活动。

1.提出处理意见

对于反洗钱调查，调查组应当按照下列情形，分别提出调查处理意见：

（1）经调查确认可疑交易活动不属实或者能够排除洗钱嫌疑的，结束调查；

（2）经调查不能排除洗钱嫌疑的，向有管辖权的侦查机关报案。

2.制作《反洗钱调查报告表》

调查组查清所调查内容后，应当及时制作《反洗钱调查报告表》。《反洗钱调查报告表》应当经中国人民银行或者其省一级分支机构行长（主任）或者主管副行长（副主任）批准。

3.解除封存

结束调查的，对已经封存的文件、资料，中国人民银行或者其省一级分支机构应当制作《解除封存通知书》，正式通知金融机构解除封存。

第二节　洗钱犯罪刑事侦查

对于那些经过反洗钱调查后，仍然不能排除洗钱嫌疑的案件应当立即向有管辖权的侦查机关报案。而有管辖权的侦查机关则根据《刑事诉讼法》及相关法律法规对洗钱犯罪进行立案侦查活动。

一、立案

（一）立案的概念

立案是指公安机关、人民检察院或人民法院对报案、举报、控告或自首的材料进行审查后，判明有无犯罪事实存在和应否追究刑事责任，并决定是否将案件交付侦查或审判的诉讼活动。

立案作为刑事诉讼开始的标志，是洗钱犯罪必须经过的法定阶段，是决定是否开展洗钱犯罪侦查的关键步骤，只有经过洗钱犯罪立案这个法定程序，洗钱犯罪的侦查活动才有依据。

（二）立案的根据

立案的根据，就是立案的材料依据。刑事立案材料，主要有以下几种来源。

1.单位和个人的报案或者举报

报案是指单位和个人将其在工作和生活中所发现的犯罪事实向公安机关、人民检察院、人民法院揭露和报告的行为。

举报是指单位或者个人向公安机关、人民检察院、人民法院检举、揭发犯罪嫌疑人及其犯罪事实的行为。

2.被害人的报案或者控告

被害人是受犯罪行为直接侵害的人，既具有追究犯罪的强烈愿望和积极主动性，又能提供比较具体详细的有关犯罪事实和犯罪嫌疑人的情况。为了保护自己的合法权益并及时制止犯罪和尽快挽回损失，都应积极主动地向司法机关报案、控告。《刑事诉讼法》第一百一十条规定：被害人对侵犯其人身、财产权利的犯罪事实或犯罪嫌疑人，有权向公安机关、人民检察院或者人民法院报案或者控告。根据《刑事诉讼法》的有关规定，被害人死亡或丧失行为能力的，其法定代理人、近亲属也有权提出控告。这里的报案与前述报案略有不同，是指被害人或其法定代理人将其人身、财产权利遭受侵害的犯罪事实报告给司法机关的行为。二者的主要区别是，前者的报案人与案件无利害关系，后者的报案人则与案件有直接的利害关系，是犯罪行为的直接受害者。

控告是指被害人或其法定代理人向司法机关揭发犯罪嫌疑人及其犯罪事实，并要求依法处理的行为。

报案、举报、控告是一种最常见最重要的立案材料来源，其目的是及时揭露和惩罚犯罪，保护国家和人民的利益。因此，不论是单位还是公民个人，在举报或控告犯罪时，都必须实事求是，不能捏造事实，伪造证据，诬告或陷害他人。如果故意捏造事实，伪造证据，陷害他人，情节严重的，要受到刑罚处罚。当然，法律对诬告陷害罪的追究，具有严格的规定和界限，只要不是故意捏造事实、伪造证据，即使举报、控告的事实有出入，甚至是错告的，也不应以诬告陷害罪论处。

3.公安机关或人民检察院自行发现犯罪事实或犯罪嫌疑人

公安机关、人民检察院是享有国家侦查权、同犯罪做斗争的专门机关。《刑事诉讼法》第一百零九条规定：公安机关或者人民检察院发现犯罪事实或者犯罪嫌疑人，应当按照管辖范围，立案侦查。公安机关作为国家治安保卫机关，常常处在同犯罪做斗争的第一线，在日常工作中，特别是在侦查过程中，一旦发现有犯罪事实，并需要追究犯罪嫌疑人的刑事责任，应当按照管辖范围主动、迅速立案侦查。而人民检察院在开展各项检察业务活动中，也会发现新的犯罪事实，也应当按照管辖范围迅速立案侦查。

4.犯罪人的自首

自首是指犯罪分子作案后，在罪行未被司法机关发觉前，自动投案，如实交代自己的罪行，并接受司法机关的审查和审判的行为。自首一般是在犯罪行为未被发觉，或者虽被发觉但尚未被司法机关查获或被扭送时，犯罪人自己或在其家长、监护人、亲友陪同、护送等情况下，主动向司法机关如实交代自己的罪行。

5.其他来源

在司法实践中，立案的材料来源常见的还有以下几种：

（1）上级机关交办的案件；

（2）群众的扭送；

（3）其他行政执法机关移送的案件。

具有行政处罚权的行政执法机关如工商、税务等在查处违法行为过程中，发现违法事实涉及的金额、违法事实的情节、违法事实造成的后果等，涉嫌构成犯罪，依法需要追究刑事责任的，必须依照规定移送公安机关审查立案。

从洗钱犯罪的特点可知洗钱犯罪缺乏可识别的受害者，因为没有被害人的报案材料，所以洗钱犯罪相关信息通常是通过讯问上游犯罪嫌疑人、罪犯或者从其他部门、机构获取洗钱犯罪线索，经过调查，确有犯罪事实存在的，则立案侦查追究其刑事责任。因此，相关洗钱的信息获取对立案侦查显得至关重要。目前，侦查机关主要是从以下渠道获取信息进行立案：

（1）金融机构提交的大额交易报告和可疑交易报告线索；

（2）人民法院、人民检察院、行政执法机关移交的线索；

（3）公民报案、举报和控告的线索；

（4）政府、党委或者上级公安机关交办或批转的线索；

（5）国外执法机关要求协助调查的线索。

（三）立案的条件

立案的条件是指确定刑事案件成立必须具备的法定要件。立案必须有一定的事实材料为依据，司法实践中，具有立案材料，仅给立案提供了事实上的依据，但究竟能否立案，还要看是否符合立案的法定条件。《刑事诉讼法》第一百一十二条规定：人民法院、人民检察院或者公安机关对于报案、控告、举报和自首的材料，应当按照管辖范围，迅速进行审查，认为有犯罪事实需要追究刑事责任的时候，应当立案；认为没有犯罪事实，或者犯罪事实显著轻微，不需要追究刑事责任的时候，不予立案，并且将不立案的原因通知控告人。控告人如果不服，可以申请复议。根据这一规定，立案必须同时具备两个条件，一是认为有犯罪事实，二是需要追究刑事责任。

1.事实条件：认为有犯罪事实发生

立案的事实条件，是认为有犯罪事实发生，这是立案的首要条件。具备这一条件，立案才具有客观的事实根据。掌握这一条件时，应当注意以下三点：

（1）需要立案追究的只能是依照刑法规定构成犯罪的行为。司法机关认为有犯罪事实是指依照刑法规定构成犯罪的行为，而非一般违法、违反党纪、政纪，违反社会主义道德的行为，即立案要划清罪与非罪，刑事追诉与党纪、政纪处分、行政处罚的界限。

（2）犯罪事实必须有相关的证据材料证明。犯罪事实是客观存在的，而不是侦查人员随意猜测、主观臆断出来的，判定是否有犯罪事实发生应建立在客观存在的证据材料基础上。虽然在立案阶段不要求也不可能要求掌握全部证据，但绝不是没有证据就可以立案。立案阶段对证据的要求是这些证据能够证明犯罪事实已经发生，证据本身是客观存在，不是捕风捉影、凭空捏造。

（3）"认为有"与"确有"在程度上不同。司法人员认为有犯罪事实，仅是司法人员通过对立案材料的审查，并根据法律的规定所确认存在的犯罪事实，只是程序意义上的事实，而不是定罪量刑实体意义上确认的犯罪事实，与"确有"不同。

2.法律条件：需要追究刑事责任

需要追究刑事责任，作为立案的法律条件，指根据刑事法律的有关规定，其行为已经构成犯罪，需要追究刑事责任。也就是该犯罪事实，按照法律的有关规定，应当受刑罚处罚。立案是以追究行为人的刑事责任为前提的，但并非所有的犯罪行为，法律都规定需要追究刑事责任。如果该犯罪事实是属于法律规定不需要追究刑事责任的，则不应立案。所谓法律规定不追究刑事责任，主要是指《刑事诉讼法》第十六条规定的以下六种情形：

（1）情节显著轻微、危害不大，不认为是犯罪的；

（2）犯罪已过追诉时效期限的；

（3）经特赦令免除刑罚的；

（4）依照刑法告诉才处理的犯罪，没有告诉或者撤回告诉的；

（5）犯罪嫌疑人、被告人死亡的；

（6）其他法律规定免予追究刑事责任的。

具有以上六种情形之一的，司法机关就不追究刑事责任，应不予立案，已经立案的，应当撤销案件。

司法实践中洗钱犯罪虽然经过国务院反洗钱行政主管部门的调查，但洗钱行为是否立案还需要侦查机构依据立案的条件来决定。可是，大量的司法实践表明，洗钱行为立案难是不争的事实。《中国反洗钱报告（2018）》显示，2018年，中国人民银行各地分支机构共发现和接收重点可疑交易线索13467份；筛选后共对1086份线索开展反洗钱调查；向侦查机关移送线索3648起，侦查机关立案419起。《中国反洗钱报告（2019）》显示，2019年，中国人民银行各地分支机构发现和接收重点可疑交易线索15755份；筛选后共对1143份线索开展反洗钱调查；向侦查机关移送线索4858条，侦查机关立案474起。《中国反洗钱报告（2020）》显示，2020年，中国人民银行各地分支机构发现和接收重点可疑交易线索 16926 份；筛选后共对需要进一步查深查透的 808 份线索开展反洗钱调查；向侦查、监察机关移送线索 5987 条，侦查、监察机关立案 633 起。由上述报告可以看出，虽然我国洗钱行为立案并追究刑事责任的案件在逐步增加，但是，从移送线索和立案的比例上仍然表现出我国对于洗钱行为立案的困难。

《刑法》第一百九十一条规定，为掩饰、隐瞒毒品犯罪、黑社会性质的组织犯罪、恐怖活动犯罪、走私犯罪、贪污贿赂犯罪、破坏金融管理秩序犯罪、金融诈骗犯罪的所得及其产生的收益的来源和性质，有下列行为之一的，没收实施以上犯罪的所得及其产生的收益，处五年以下有期徒刑或者拘役，并处或者单处罚金；情节严重的，处五年以上十年以下有期徒刑，并处罚金：

（1）提供资金账户的；

（2）将财产转换为现金、金融票据、有价证券的；

（3）通过转账或者其他支付结算方式转移资金的；

（4）跨境转移资产的；

（5）以其他方法掩饰、隐瞒犯罪所得及其收益的来源和性质的。

从上述规定可以看出，我国《刑法》对洗钱罪在四个要件中的主观方面规定的条件是故意，并且是直接故意，直接故意是积极追求犯罪结果的发生，必须是洗钱活动犯罪嫌疑人明知其行为对象是上游犯罪的非法收入，这一犯罪构成条件过于苛刻，使侦查民警不敢轻易立洗钱案件，保险起见会立掩饰隐瞒犯罪所得案件，造成反洗钱侦查立案困难。

二、侦查

（一）侦查的概念

侦查是指享有侦查权的机关为收集证据，查明、证实犯罪和抓获犯罪嫌疑人而依法采取的专门调查工作和有关的强制性措施。我国《刑事诉讼法》第一百零八条第一项规定："侦查"是指公安机关、人民检察院对于刑事案件，依照法律进行的收集证据、查明案情的工作和有关的强制性措施。这是 2018 年刑事诉讼修改法确定的新的关于侦查的法律定义。

（二）侦查行为与强制措施

在我国，侦查行为既包括侦查机关进行专门调查工作的行为，又包括侦查机关为防止现行犯、犯罪嫌疑人继续犯罪、逃跑、毁灭证据或自杀等而采取的强制措施。根据《刑事诉讼法》的有关规定，我国的侦查体系应包括下列内容：实施讯问犯罪嫌疑人，询问证人、被害人，勘验、检查、搜查，扣押物证、书证，鉴定，通缉等侦查行为；以及采取拘传、取保候审、监视居住、拘留和逮捕等强制措施。

1.侦查行为

（1）讯问犯罪嫌疑人：

讯问犯罪嫌疑人是指侦查人员依照《刑事诉讼法》规定的程序，就案件事实以及与案件相关的其他问题以言词的方式，依法对被指控犯罪嫌疑人进行提问并要求回答的一种侦查行为。在侦查程序，讯问犯罪嫌疑人的特点如下：

①讯问主体和对象的特定性。在侦查程序，作为侦查行为的讯问犯罪嫌疑人，讯问主体必须是法定的侦查人员，并且不得少于两人。讯问的对象只能是被依法追究刑事责任的犯罪嫌疑人。

②讯问任务的特定性。讯问犯罪嫌疑人的任务在于，听取被讯问者的供述和辩解，通过讯问核实侦查中收集的证据，发现侦查中尚未发现的犯罪事实或者其他犯罪嫌疑人；通过讯问，听取辩解，防止错误追诉，及时纠正已经发生的不当之处。

③讯问内容的广泛性。讯问犯罪嫌疑人的任务，决定了其讯问内容的广泛性。可以就犯罪可疑方面进行讯问；可以就案件事实有关的问题进行讯问；可以就其所作辩解的有关事实和情节进行讯问；可以就其检举他人犯罪的有关事实进行讯问；还可以就其本人有关事项，如年龄、文化、民族、有无前科等情况进行讯问。但与本案无关的问题，不宜讯问。

④讯问行为的强制性。讯问犯罪嫌疑人是法定的专门调查工作，是具有强制力的侦查行为。被讯问者不得抗拒讯问，不享有沉默权。根据《刑事诉讼法》第一百二十条之规定，犯罪嫌疑人对侦查人员的提问，应当如实回答。但是对与本案无关的问题，有拒绝回答的权利。

⑤讯问方法、策略的多样性。讯问犯罪嫌疑人的任务明确之后，方法和策略就是关键。侦查人员要十分重视方法和策略的研究和运用。讯问犯罪嫌疑人应当根据案情、被讯问者的情况以及掌握的证据，灵活采用相应的策略和方法，不能千篇一律、一成不变。

（2）询问证人和被害人：

①询问证人：

询问证人是指侦查人员为查明案件事实，用言词的方式，向知道案情并能辨别是非、正确表述的人进行询问，调查了解与案件有关的事实的侦查行为。

询问证人是一种常用的侦查行为，几乎在每个刑事案件中，都有通过询问证人了解案件的有关情况。

询问证人的意义在于：询问证人是获得证人证言的法定方法。犯罪行为是客观存在的，往往被人直接或间接发现，犯罪嫌疑人也总是隐藏在群众之中，实施作案行为往往会被某些群众所感知。因此，侦查人员深入群众、调查研究，就会发现具有证人资格的人，对他们依法询问，就会收集到证人证言这一证据。通过询问证人可以核实案件事实，审查犯罪嫌疑人的情况，防止对无辜的人进行刑事追究，及时查获犯罪嫌疑人。

②询问被害人：

询问被害人是指侦查人员对人身、财产遭受犯罪行为直接侵害的人，就其受害情况及犯罪嫌疑人的有关情况，进行调查询问的一项侦查行为。

询问被害人的目的在于，收集被害人陈述这一证据，查明案件事实。由于被害人陈述和证人证言同属于言词证据，因此，根据《刑事诉讼法》第一百二十七条，询问被害人，适用询问证人的各条规定。但是，被害人和证人诉讼中地位不同，前者是案件的当事人，与案件和犯罪嫌疑人存在利害关系，因此，询问被害人时，还应该考虑到他是犯罪行为的直接受害者，他对犯罪事实和犯罪嫌疑人的情况会有更多的了解，要考虑他与案件有利害关系，陈述可能有夸张情节，甚至虚构事实。对于生命垂危的被害人，首先要设法救人，又要在可能情况下及时进行询问。对于被害人的个人隐私情况应当为他保密。凡是符合提起附带民事诉讼的案件，侦查人员应告知他有提起附带民事诉讼的权利。

（3）勘验、检查：

勘验、检查是指侦查人员对犯罪有关的场所、物品、人身或尸体进行勘察和检验，以发现和收集与犯罪有关的物品、痕迹、伤情或者生理状况等的侦查行为。

侦查程序中的勘验、检查行为是取得第一手资料的重要途径，对于收集固定证据，揭露和证实犯罪，都有重要作用：

①通过现场勘验，可以发现和收集与犯罪有关的痕迹、物品，以及其在现场所处方位情况，为判断案情，确定侦查方向提供依据；

②通过对尸体、场所的勘验，可以确定被害人的死亡时间和原因，推断作案手段、过程、凶器的类型等情况，进而推断作案的人数、作案条件、犯罪嫌疑人的特点，有利于正确确定侦查范围；

③通过人身检查，可以确定被害人、犯罪嫌疑人的某些生理特征、伤害情况以及其他特征，有助于判断案情性质，查明案件事实。

（4）搜查：

搜查是指侦查人员为收集物证、书证，查获犯罪嫌疑人，依法对犯罪嫌疑人以及可能隐藏犯罪嫌疑人或者罪证的人身、物品、住处和其他有关场所，进行搜索的一种侦查行为。

根据《刑事诉讼法》第一百三十六条规定：为了收集犯罪证据、查获犯罪人，侦查人员可以对犯罪嫌疑人以及可能隐藏罪犯或者犯罪证据的人的身体、物品、住处和其他有关的地方进行搜查。第一百三十七条进一步规定：任何单位和个人，有义务按照人民检察院和公安机关的要求，交出可以证明犯罪嫌疑人有罪或者无罪的物证、书证、视听资料等证据。

搜查的意义在于：通过搜查可以抓获隐藏的犯罪嫌疑人；查获赃款、赃物以及其他实物证据；有利于防止犯罪嫌疑人逃跑、毁证，转移赃款、赃物；有利于迅速、及时地揭露犯罪、证实犯罪，查获犯罪嫌疑人。

（5）查封、扣押物证、书证：

查封、扣押物证、书证是指侦查人员在侦查活动中，发现能够证明犯罪嫌疑人有罪或者无罪的各种财物和文件，依法予以查封或扣押的行为。查封、扣押物证、书证，对于刑事诉讼具有重要意义：

①有利于及时将使用侦查行为时发现的，对案件具有证明意义的各种物品和文件提取，是收集实物证据的重要措施；

②可以适时保全实物证据，防止发生毁弃、丢失或者被转移隐藏等现象，保证诉讼顺利进行；

③有利于保证物证、书证对案件的证明作用，揭露犯罪，证实犯罪，保障无罪公民不受追究。

（6）鉴定：

鉴定是法定的一种侦查行为，是侦查机关为了查明案情，指派或者聘请具有专门知识的人，对案件中有关专门化问题进行比对、分析和鉴别，作出推断结论的一种活动。鉴定的意义在于：

①鉴定行为是取得鉴定意见这一证据的唯一途径，是收集证据的一种方法；

②鉴定可以使与案件有关的各种物品、痕迹、尸体发挥对案件的证明作用；

③鉴定可以帮助侦查人员了解有关专门化问题，从而正确认定案件事实，揭露犯罪、证实犯罪；

④鉴定可以帮助侦查人员排除某些伪证，防止误伤无辜。

（7）辨认：

辨认是指侦查人员为了查明案情，在必要时让被害人、证人和犯罪嫌疑人对与犯罪有关的物品、尸体或场所进行辨别确认；或者让被害人、证人对犯罪嫌疑人、与犯罪有关的物品、尸体进行辨认；或让犯罪嫌疑人对其他犯罪嫌疑人进行辨别的一种侦查行为。

辨认这种侦查行为，《刑事诉讼法》并没有明确规定，但最高人民检察院、公安部《关于经济犯罪案件追诉标准的规定》对此作了专门规定。辨认对于查明案情，以及查获犯罪嫌疑人等具有十分重要的意义。

（8）技术侦查措施：

技术侦查措施俗称秘密侦查或特殊侦查，是指侦查机关为了侦破特定的刑事案件，在相对人知情的情况下将难以开展或者无法完成的案件，根据国家有关法律的规定，经过严格的审批程序，而以隐藏或欺骗方式实施的非强制性侦查活动。隐秘或欺骗的方式通常表现为激励监控、行踪监控、通信监控、场所监控等运用技术装备确定作案人和获取案件证据的秘密侦查措施，也包括隐匿身份实施侦查和控制下交付。

技术侦查措施作为刑事侦查措施的一种是2012年《刑事诉讼法》修改确定的。它是控制和打击犯罪的需要，也是为了使在司法实践中早已实际运用的侦查方式能纳入法律规范之下。

（9）通缉：

通缉是指侦查机关对依法应当逮捕而在逃的犯罪嫌疑人，以发布通缉令的方式，通报有关地区的公安机关和广大群众，缉拿其归案的一种侦查行为。通缉是各地侦查机关协同打击犯罪的重要形式，也是侦查机关积极发动群众同犯罪行为做斗争的重要手段，是缉拿在逃犯罪嫌疑人的有效措施。它具有如下特征：

①通缉的主体具有特定性。通缉虽然是侦查行为，但它是特殊的侦查行为，不是任何侦查机关都有权适用。根据我国《刑事诉讼法》的规定，适用通缉行为的主体是公安机关，只有县级以上的公安机关才有权发布通缉令。其他任何机关、团体、单位和公民都无权行使通缉。

②通缉的性质具有协作性。通缉是各地区公安机关之间，在分工负责基础上的通力合作，协同追捕在逃的犯罪嫌疑人。没有公安机关各部门之间、各地区之间的协作，就不能形成巨大的合力，通缉也不能发挥巨大的震慑作用。

③通缉的方式具有单一性，但方法具有多样性。通缉的方式是单一的通缉令，由县级以上公安机关发布，而方法是多样的，可以印发、张贴通缉令，可以在报纸、刊物上刊载通缉令，也可以在广播电台、电视台上播放通缉令，还可以在互联网上公布通缉令等。

④通缉的行为具有强制性。通缉是侦查行为或侦查手段，在法律上具有强制性。任何公民发现通缉对象，有权把他扭送到公安机关。公安机关发现通缉对象，即可予以拘留，并通知发通缉令的侦查机关前去押回处理。

⑤通缉对象具有特定性。通缉对象只能是依法应当逮捕在逃的犯罪嫌疑人。如果依法不应逮捕，或者不是犯罪嫌疑人，就不能适用通缉措施。

2.强制措施

我国的刑事强制措施，是指公安机关、人民检察院和人民法院为了保证刑事诉讼的顺利进行，对犯罪嫌疑人、被告人依法采取的限制或剥夺其人身自由的各种强制方法。这种强制方法的类型按强制力度由低到高依次为拘传、取保候审、监视居住、拘留和逮捕五种。

（1）拘传：

拘传是指公安机关、人民检察院和人民法院对未被羁押的犯罪嫌疑人、被告人强制其到案接受讯问或者审判的一种强制措施。这是强制措施中强度较轻的一种。

拘传的功能比较单一，只在于保证专门机关对未经羁押的犯罪嫌疑人、被告人到案接受讯问和审判，以保证刑事诉讼的顺利进行。

拘传的对象是未经羁押的犯罪嫌疑人和被告人。在刑事诉讼中，已被专门机关采用拘留或逮捕方法的犯罪嫌疑人、被告人，尤须拘传就可直接运用提讯的方法实现对被告人的讯问或审判。未经羁押的被告人，既可以是没有对其采用任何强制措施的犯罪嫌疑人、被告人，也可以是已经对其采用了取保候审或监视居住的犯罪嫌疑人、被告人。

（2）取保候审：

取保候审是指公安机关、人民检察院和人民法院责令犯罪嫌疑人、被告人提供担保，保证其不逃避侦查或审判，并随传随到的一种强制方法。

我国《刑事诉讼法》设立了两种取保候审方式：一种是保证人保证方式，另一种是保证金保证方式。保证金既可以由自己交纳，也可以由愿意为其提供保证金的单位或其他个人交纳。

根据《刑事诉讼法》第六十八条及相关司法解释的规定，保证人保证和保证金保证是选择关系，不得同时使用保证人保证与保证金保证。

根据《刑事诉讼法》第六十七条及其相关司法解释规定：具有下列情形之一的犯罪嫌疑人、被告人，可以取保候审：

①可能判处管制、拘役或者独立适用附加刑的；

②可能判处有期徒刑以上刑罚，采取取保候审不致发生社会危险性的；

③患有严重疾病、生活不能自理，怀孕或者正在哺乳自己婴儿的妇女，采取取保候审不致发生社会危险性的；

④羁押期限届满，案件尚未办结，需要采取取保候审的。对拘留的犯罪嫌疑人，证据不符合逮捕条件，以及提请逮捕后，人民检察院不批准逮捕，需要继续侦查，并且符合取保候审条件的，可以依法取保候审。

（3）监视居住：

监视居住是指公安机关、人民检察院和人民法院在刑事诉讼过程中限令犯罪嫌疑人、被告人在规定的期限内不得离开住处或指定的居所，并对其活动予以监视和控制的一种强制方法。

根据《刑事诉讼法》第七十四条规定：人民法院、人民检察院和公安机关对符合逮捕条件，有下列情形之一的犯罪嫌疑人、被告人，可以监视居住：

①患有严重疾病、生活不能自理的；

②怀孕或者正在哺乳自己婴儿的妇女；

③系生活不能自理的人的唯一扶养人；

④因为案件的特殊情况或者办理案件的需要，采取监视居住措施更为适宜的；

⑤羁押期限届满，案件尚未办结，需要采取监视居住措施的。对符合取保候审条件，但犯罪嫌疑人、被告人不能提出保证人，也不交纳保证金的，可以监视居住。

（4）刑事拘留：

拘留是指公安机关、人民检察院在对直接受理案件的侦查中，遇有法定的紧急情况，暂时限制现行犯或重大嫌疑人的人身自由并予以羁押的一种强制方法。

拘留是完全限制现行犯或重大嫌疑人的人身自由，是一种紧急处置措施，只能在侦查阶段采用。它使公安机关和人民检察院能够应对社会中较严重的突发犯罪案件，迅速及时地对正在实施犯罪的人或重大嫌疑人采取紧急隔离，排除其逃跑、毁证灭迹或自杀的可能性，从而保证刑事诉讼活动的顺利进行，保障国家和人民的生命财产不受新的损害。

根据《刑事诉讼法》第八十二条规定，拘留的适用情形是：

①正在预备犯罪、实行犯罪或者在犯罪后即时被发觉的；

②被害人或者在场亲眼看见的人指认他犯罪的；

③在身边或者住处发现有犯罪证据的；

④犯罪后企图自杀、逃跑或者在逃的；

⑤有毁灭、伪造证据或者串供可能的；

⑥不讲真实姓名、住址，身份不明的；

⑦有流窜作案、多次作案、结伙作案重大嫌疑的。

（5）逮捕：

逮捕是公安机关、人民检察院和人民法院，为防止犯罪嫌疑人、被告人逃避侦查、起诉和审判，进行妨碍刑事诉讼的行为，或者发生社会危险性，依法在一定时间内完全剥夺犯罪嫌疑人、被告人的人身自由并予以羁押的一种强制措施。逮捕是各种刑事强制措施中最严厉的一种。

根据《刑事诉讼法》第八十一条规定，逮捕需要同时具备三个条件：一是证据条件；二是刑罚条件；三是必要性条件。三者是一个有机联系的整体，证据条件、刑罚条件是前提，必要性条件是关键。具备这三个条件，应当适用逮捕。

①证据条件。

逮捕的证据条件是有证据证明有犯罪事实。有证据证明有犯罪事实是指同时具备下列情形：有证据证明发生了犯罪事实；有证据证明该犯罪事实是犯罪嫌疑人实施的；证明犯罪嫌疑人实施犯罪行为的证据已经查证属实的。犯罪事实既可以是单一犯罪行为的事实，也可以是数个犯罪行为中任何一个犯罪行为的事实。

②刑罚条件。逮捕的刑罚条件，是可能判处有期徒刑以上刑罚。

③必要性条件。逮捕的必要性条件是指采取取保候审尚不足以防止发生社会危险性的。根据《刑事诉讼法》第八十一条规定，这里所指的"社会危险性"，具体包括：可能实施新的犯罪的（犯罪嫌疑人多次作案、连续作案、流窜作案，其主观恶性、犯罪习性表明其可能实施新的犯罪，以及有一定证据证明犯罪嫌疑人已经开始策划、预备实施犯罪的）；有危害国家安全、公共安全或者社会秩序的现实危险的（有一定证据证明或者有迹象表明犯罪嫌疑人在案发前或者案发后正在积极策划、组织或者预备实施危害国家安全、公共安全或者社会秩序的重大

违法犯罪行为的）；可能毁灭、伪造证据，干扰证人作证或者串供的（有一定证据证明或者有迹象表明犯罪嫌疑人在归案前或者归案后已经着手实施或者企图实施毁灭、伪造证据，干扰证人作证或者串供行为的）；可能对被害人、举报人、控告人实施打击报复；企图自杀或者逃跑的（犯罪嫌疑人归案前或者归案后曾经自杀，或者有一定证据证明或者有迹象表明犯罪嫌疑人试图自杀或者逃跑的）。

上述侦查行为和强制措施绝大多数都能在洗钱犯罪的刑事侦查中运用，但在洗钱犯罪的侦查中仍存在很多的问题，比如洗钱犯罪的证据问题、洗钱犯罪侦查的协作问题、侦查措施的运用等问题，针对这些问题，我们会在后面详细分析。

（三）侦查终结

1.侦查终结的概念和意义

侦查终结是指侦查机关对于由自己立案侦查的案件，经过一系列的侦查活动，认为案件事实已查清，证据确实充分，足以认定犯罪嫌疑人是否犯罪和应否对其追究刑事责任；而决定结束侦查，依法对案件作出相应处理或提出处理意见的诉讼活动。

侦查终结就是侦查程序的结束。通常有两种情况可以结束侦查程序：一是通过侦查活动，对于犯罪事实已查清，证据确实充分的，依法应当追究刑事责任的可以结束侦查活动，将案件移送给人民检察院审查起诉；二是在侦查过程中，发现不应对犯罪嫌疑人追究刑事责任，侦查也可以撤销案件的方式结束。

2.侦查终结的条件

我国《刑事诉讼法》第一百六十二条规定：公安机关侦查终结的案件，应当做到犯罪事实清楚，证据确实、充分，并且写出起诉意见书，连同案卷材料、证据一并移送同级人民检察院审查决定；同时，将案件移送情况告知犯罪嫌疑人及其辩护律师。据此，公安机关和人民检察院自行侦查的案件侦查终结必须具备下列三个条件。

（1）案件事实清楚。案件事实清楚，包括犯罪嫌疑人有罪或者无罪，罪重或罪轻的事实和情节。如果犯罪嫌疑人确有犯罪行为，则应当查清有关犯罪的时间、地点、动机、目的、行为手段、情节、行为过程、行为结果以及是否有遗漏罪行和其他应当追究刑事责任的人等，有关犯罪线索应全部查清。

（2）证据确实、充分。案件事实查清必须建立在已经获取了确实、充分的证据基础上。要求通过侦查获得的证据是真实可靠的，能够足以证明所认定有罪或无罪的事实。犯罪嫌疑人的罪行得到证实，或者犯罪嫌疑得到澄清。具体而言，证据确实、充分是指证据材料经过反复核对无误，证据能够互相印证，并形成一个完整的证明体系，足以排除各种证据疑点，确认犯罪嫌疑人有罪还是无罪，罪重还是罪轻。

（3）法律手续完备。在侦查活动中，侦查人员使用的各种诉讼文书是依法侦查的凭证。在侦查终结时，对各种诉讼文书应当进行清理、核对，检查各种应当有的诉讼文书是否齐全，如拘留证、逮捕证、搜查证、搜查笔录等。凡是应当具备的诉讼文书，都不能遗漏。如果发现短缺，应及时予以补齐。法律手续完备是侦查终结必不可少的条件。

对于洗钱犯罪，在查明犯罪事实后，对于证据确实、充分的案件应当依法制作起诉意见书，经县级以上公安机关负责人同意后，将相关材料移送同级人民检察院审查决定。此时，洗钱犯罪的侦查活动就告一段落。

（四）洗钱犯罪刑事侦查存在的问题和完善建议

1.专门的洗钱犯罪侦查机构尚未形成相互统一配合的机制

在1998年以前，我国大部分经济犯罪的侦查工作都是由刑事侦查部门办理的。但是在改革开放以后，我国保险、证券、商贸等各种经济事业相继活跃，刑警对这些新兴领域的违法犯罪行为就显得力不从心了。于是，在1998年10月我国公安部成立了经济犯罪侦查局，专门侦查经济犯罪的案件。

随着洗钱犯罪案件的逐渐增多，2002年3月我国公安部经济犯罪侦查局又专门成立了洗钱犯罪侦查处。主要职责是侦查洗钱、逃汇等重大经济犯罪案件，承担反洗钱领域的国际执法合作，协查涉及境外恐怖组织的非法资金线索，组织反洗钱人员业务培训，等等。虽然我国少数省市公安局（厅）的经济犯罪侦查总队设立了洗钱犯罪侦查支队。但是从全国总体来说，我国尚未形成统一协调的洗钱犯罪侦查队伍，特别是在中央与地方、地方与地方之间并未形成相互统一配合的机制①。我们认为应该借鉴西方发达国家的规定，设专门的反洗钱机构并规定其相互之间的统一配合机制。例如，英国的金融特遣队、美国的金融犯罪执法网络。

2.洗钱犯罪侦办人员素质不能适应洗钱犯罪侦查的需要

由于洗钱犯罪涉及一些高科技领域且其特殊的隐蔽性让人难以察觉，再加上在洗钱犯罪的侦查过程中，会涉及许多警察并不熟悉的领域，如会计、财务等金融专业知识。这便需要侦查机关建立专门的队伍，培养、培训打击洗钱犯罪的专业人才。

对从事反洗钱的侦查人员必须在金融、证券、投资以及计算机等方面进行专业的培训和考核，只有使我们的侦查人员成为能熟练运用计算机进行金融、证券交易等业务操作、分析、审查的专家，才能在与犯罪分子的较量中做到"魔高一尺，道高一丈"。因此，培养这些领域的专门人才是侦查机关的首要任务。首先，我们可以对即将进入侦查队伍的人员进行财会、税务等方面的相关考核；对已经在侦查队伍的侦查人员可以进行金融等专业知识的培训，使其能够熟练运用金融、计算机等相关知识来打击洗钱犯罪。其次，加强国际交流合作，侦查机关可以定期派遣内部人员参与国际反洗钱相关会议，学习最新的研讨成果、法律法规等。

3.洗钱犯罪侦查应特别注意重点区域和重点对象

众所周知，洗钱是所有经济犯罪的"最终追求物"，通过追踪非法资金来揭露犯罪事实是侦查经济犯罪的最重要的策略之一。因此，基于洗钱犯罪的特点，侦查部门应在以下方面多加注意：首先，加大重点区域、行业的控制。重点区域如秘密贩毒交易地，走私犯罪多发区域的边界等；重点行业如各类金融机构，珠宝店、首饰店、房地产公司等。其次，对重点嫌疑对象实施监控。重点嫌疑对象如某些可能与各类犯罪集团有联系的金融系统工作人员，贩毒、吸毒人员，经济

---

① 尹军，安立平.浅谈洗钱犯罪的侦查难点及对策[J].吉林公安高等专科学校学报，2005，20（2）：40-43.

收入反常者，等等①。

4.对于跨区域的洗钱犯罪侦查协作还存在不足

在洗钱犯罪的侦查中，洗钱犯罪分子常常将违法资金不断地通过跨区域进行转移，这严重地妨碍了犯罪侦查。为了弄清该犯罪资金的去向，就必须获得各地侦查部门的紧密配合。与此同时，上游犯罪和洗钱行为通常发生在不同区域，想要弄清犯罪分子所清洗的资金是否为法定的上游犯罪的违法所得，就必须到上游犯罪所在地查明上游犯罪的性质，因此加强两地之间的侦查合作，互相配合就成为破案的关键。中国政府虽积极参与国际合作，并且组织开展了"猎狐2014""红通追逃"等专项行动，取得了一定的成绩，但相较于世界发达国家参与合作的力度、广度和深度都有所欠缺。

随着经济全球化，各个国家之间的经济交往越来越频繁，而且随着电子商务、电子银行等高科技在国际金融系统中的运用，各个国家或区域之间的资金运转速度加快，这也使一些非法资金通过电子资金划拨在全世界得到快速清洗。由于电子资金划拨技术的出现，犯罪分子不用出国或到另一个地区就可以方便地在一国境内或地区实现犯罪资金在不同地区清洗的跨区域洗钱活动。另外，对于某些跨国的洗钱活动，即使某国对洗钱犯罪的上游犯罪或从事该项犯罪活动的犯罪分子有管辖权，但对其境外的外国银行也难有管辖权，这时，国家间的侦查合作就显得格外重要。如果没有他国的合作，那么追踪洗钱分子在他国转移的犯罪收益的线索以及对这些犯罪资金进行扣押和没收都会受到重重阻挠。所以，我国应积极地吸收国外先进的反洗钱立法经验，完善反洗钱刑事立法，加强跨区域洗钱犯罪的侦查协作。

5.洗钱犯罪侦查过程中的秘密侦查措施

秘密侦查措施是指在法律规定的范围内，为了对付危害大且侦破难度高的某些特殊犯罪，侦查机关针对特定案件的侦查对象，暗中搜集犯罪的证据和情报，以揭露和证实犯罪的，一种具有隐蔽性和强制性的侦查措施②。与侦查走私犯罪

---

①康树华.洗钱犯罪现状、原因与防治措施[J].南都学坛（南阳师范学院人文社会科学学报），2006，26（4）：81-89.

②陈赤.试论秘密侦查措施在洗钱犯罪侦破中的运用[J].科技创业月刊，2007，20（12）：162-164.

和其他黑社会性质的组织犯罪一样，侦查洗钱犯罪过程中，秘密力量的作用至关重要。秘密侦查过程中要注意以下五点：

（1）通过案侦接触。这主要是通过侦查队伍在办理各类经济案件的过程中，可以选择一些具有行业代表性或者洗钱犯罪率高的企业或单位来开展工作，当然在案件的侦查过程中，对于那些主动愿意与警察合作，提供洗钱犯罪信息的人员等，也要给予足够的重视。

（2）在侦查过程中，根据情况，对那些政治思想基础或素质较高的人进行充分教育，然后用法律和道德约束等来激发他们对洗钱行为的痛恨感，使其能为侦查队伍所用，最后达到迅速破案的效果。

（3）对重点行业、特定部门要主动贴靠。如一些金融、会计、律师事务所、资产评估机构等重点部门，侦查人员应主动与这些单位建立联系，发现物建对象，加强协调合作。

（4）加强与税务、海关等部门的协作，有些洗钱犯罪的实现往往伴随有违反税务和海关法律法规的行为，而且在税务或海关进行业务调查时，经常能够发现较大规模的经济犯罪的存在。

（5）对于被握有"把柄"的对象。例如，某些没有违反刑法，却违反行政法或一些情节较轻的，不认为是犯罪的行为，可以不予以刑事处罚，但应该充分利用这些人员的"把柄"，促进其为侦查机关提供洗钱的线索、信息。在开展侦查的时候还应注意尊重其基本人权，尽量使其由被迫为侦查机关工作转化为主动为侦查机关服务。

6.洗钱犯罪侦查中上游犯罪与洗钱犯罪案件侦查次序问题

从犯罪产生的时间与空间来看，上游犯罪发生在先，洗钱行为发生在后。按照一般的侦查思维，首先，应侦查上游犯罪，然后再对与之相关洗钱行为进行犯罪侦查。然而，在实践中，侦查机关往往是在侦查洗钱犯罪的时候发现了毒品犯罪、走私犯罪等上游犯罪的蛛丝马迹。在这种情况下，存在着犯罪发现的次序与侦查思维相矛盾的现象。在面对这种情况时该如何处理？我国法律并没有相关规定，各个地方采取的解决方法也不尽相同。此外，在我国现行的侦查体制下，上游案件与洗钱犯罪分别由不同机关管辖，因此，部门之间不协调的现象就时常发生。

（1）洗钱犯罪的追诉不能总是在上游犯罪审理完毕后才开始。我国《刑法》明确规定洗钱犯罪就是明知是毒品犯罪、黑社会性质的组织犯罪、恐怖活动犯罪、走私犯罪、贪污贿赂犯罪、破坏金融管理秩序犯罪、金融诈骗犯罪的违法所得及其产生的收益，掩饰、隐瞒其来源和性质的行为。从该定义可知，洗钱犯罪的存在是以上游犯罪属于特定犯罪种类为基础的。因此，侦查人员在侦查洗钱案件时应对这几种特定的上游犯罪予以重视，在某种意义上，如果能成功查处上游犯罪案件，那么就为顺利破获下游洗钱犯罪奠定了良好的基础。所以，有些洗钱案件的侦查人员认为，只有在查处洗钱犯罪的上游犯罪以后或者在弄清黑钱的来龙去脉以后，才决定对洗钱犯罪采取侦查和追诉行为，这种想法是极其错误的。

尽管有人认为，如果上游犯罪不属于我国法律规定的七种特定犯罪，那么就没有必要对洗钱行为进行立案侦查。但是，我们应认识到，刑事案件的侦查具有紧迫性，不能仅仅因为上游犯罪先于下游洗钱行为发生就必须等待上游犯罪侦查完毕才进行洗钱犯罪的侦查。主要原因在于，首先，成功打击洗钱犯罪的同时可以有助于查处上游犯罪，有利于认定下游犯罪嫌疑人是上游犯罪的共犯或是洗钱罪的主体，避免下游案件侦查部门因消极等待而错过了最佳破案时机[①]。其次，如果洗钱犯罪得不到及时侦查，洗钱犯罪分子就有可能逃脱法律的制裁，从而继续实行犯罪行为。当然，侦查部门也不能随意启动对下游洗钱案件的侦查程序，以免浪费侦查资源，须严格依照法律的相关规定进行侦查活动。

（2）加强各侦查部门之间的配合协调。在我国现行犯罪侦查体制下，每种上游犯罪都由特定的部门负责侦查，例如，检察院管辖贪污犯罪案件，缉毒部门专门负责毒品犯罪案件，走私犯罪案件则是由刑侦、治安、海关、经侦部门管辖等。下游的洗钱罪案件则由经侦部门管辖。

尽管针对不同的上游犯罪规定不同的侦查机关来管辖有利于充分发挥各侦查部门的优势，明确分工和落实职责。但这样的规定也有其不足之处，如有的上游犯罪侦查部门希望自己能够在犯罪侦查中快速破案，出于这种目的，这些侦查机

---

①黄义.洗钱犯罪案件特点及其侦查工作若干疑难问题探析[J].公安研究，2008（9）：41-45.

关往往忽视对赃款赃物下落的追查，而将重点放在如何获取上游犯罪事实证据方面。这样就把侦查视野局限于本部门所立的刑事案件上，对洗钱行为的查处丧失了积极性或者漠不关心；而下游犯罪的洗钱侦查部门往往对上游犯罪的具体情况不太关心，他们只注重对洗钱事实的查处，顺带证实下游犯罪与上游犯罪之间存在源流关系。从上述事实可知，在实践中各侦查部门经常将侦查工作局限于自己管辖的范围，将本来有着紧密关联的两类案件的侦查割裂开来，并不利于侦查信息的互通、共享。我们认为，上游犯罪案件侦查部门与下游洗钱犯罪侦查部门应该相互配合，及时沟通和交换相关案件信息，采取灵活的办案程序，将查处上游犯罪和下游犯罪作为共同的目标，克服各行其是的部门思想，做到分工负责、相互协作。

7.洗钱犯罪在侦查中的证据收集存在困难

在对洗钱犯罪案件开展侦查时，由于洗钱犯罪活动的隐蔽性和复杂性，侦查机关大多不能及时获取证据。洗钱犯罪活动过程中犯罪分子大都不与受害人进行面对面的交流，他们往往会选择异地甚至在境外进行洗钱犯罪活动。因此，犯罪证据可能会出现在其他国家或地区，这直接影响到侦查人员能否及时高效地获取证据。此外，目前实施洗钱犯罪活动所采用的技术手段、方法随着时代的进步时刻发生着变化，其技术性和专业性已今非昔比。而我们侦查机关的硬件设备存在一定的局限性，加之侦查人员的素质有所欠缺，往往极易造成收集证据缺乏时效性，使所获取的证据质量不高，从而影响侦查工作的顺利进行。

针对这一问题，我们认为在收集洗钱犯罪的证据时要注意收集能体现出以下三个方面的证据：一是犯罪所得资金来源的证据；二是犯罪分子存在主观上的"明知"证据；三是洗钱的具体情节的证据。其中与之相关的证据类型有言词证据、物证、书证、电子数据等，收集完相关证据后，还要对证据进行严格的审查，如对其来源途径、获取方式、证明力大小和关联度等进行审查分析。

（1）及时收集固定言词证据。及时收集固定言词证据是最直接获取相关证据的方式之一。获取有效的言词证据，侦查人员可以从讯问犯罪嫌疑人、讯问上游犯罪者、询问证人等方面入手。从讯问犯罪嫌疑人入手，直接讯问犯罪嫌疑人是获取能证明犯罪嫌疑人犯罪意图最直接的方式。侦查人员在讯问前要做好充分的准备工作，针对不同的犯罪嫌疑人制订相应的讯问计划。讯问时，重点去查明犯罪嫌疑人的作案动机；实施洗钱行为时是否对资金的来源"明知"，是否具有主观意图；洗钱的具体方式、手法等，以及是否有同伙。其中重点还是在犯罪嫌疑人是否"明知"资金的来源是七类上游犯罪，或犯罪嫌疑人是否"明知"自己是在为上游七类犯罪的非法所得及其收益提供洗钱途径。因为"明知"是区分罪与非罪、此罪与彼罪的关键。无论嫌疑人已经明知自己的行为是在掩饰、隐瞒七类上游犯罪的违法所得及其收益的来源和性质，还是嫌疑人认识到其洗钱的犯罪所得及收益是属于刑法规定的七类犯罪的所得及收益，只是不确定具体是七类犯罪中的何种犯罪，都可以达到"明知"的要求①。

①从讯问上游犯罪者入手。在洗钱犯罪侦查中，上游犯罪者的口供在整个案件侦查和证据收集的过程中十分关键。侦查人员可以根据上游犯罪者的口供来确定洗钱犯罪主体的主观意图，即是否对资金的来源知情。当从洗钱者口中难以得到关于主观意图的回答时，侦查人员可以考虑从讯问上游犯罪者入手，可以通过告知其如实供述后会提出从轻处罚的建议，鼓励其如实供述资金的处置安排。在对上游犯罪嫌疑人进行讯问时，讯问的重点内容可以涉及：上游犯罪是个人犯罪还是团伙犯罪；若是团伙犯罪，其中参与人数为多少；是否有专职人员负责清洗其上游犯罪的犯罪收益；资金的存放地点、接受存放人的身份；是否将犯罪所得赃款转移到境外；境外是否有联系人等。

②从询问相关证人入手。因为利用地下钱庄洗钱犯罪案件没有具体的被害人，所以，可以相关的证人证言为突破口，从询问相关证人入手，获取证人证言，从而去发现和侦破案件。报案人员、检举揭发人、案件涉及单位的负责人、有关问题转移人员、其他知情人等都可以成为案件的相关证人。在询问证人时，侦查人员应重点询问与案件事实、作案手段和方法、具体情节，以及犯罪嫌疑人个人情况（如个人爱好、家庭财产状况、社会关系、反常行为等）相关的问题。

（2）及时收集固定物证、书证。在收集固定证据时，不能仅以言词证据作为认定案件事实的依据，否则很容易落入"重口供、轻证据"的陷阱。对已经取得

①杨正鸣，倪铁.经济犯罪侦查新论[M].北京：法律出版社，2017.

的言词证据进行重点审查十分必要，主要是通过与其他证据，诸如物证、书证、电子数据等进行相互印证。在侦查过程中，要注重对犯罪嫌疑人的人身、住所以及其他可能隐藏罪证的地方进行搜查。搜查的重点包括记账凭证、账册、身份证、手机、电脑、个人和公司银行卡、网银U盾、银行对账单、通信工具、公司执照、公司财务报表以及相关账目凭证等物证、书证。

（3）及时收集固定电子数据。正如前文所述，洗钱犯罪的手段日趋网络化、智能化，大量交易可通过网络完成，与客户的联系也大部分通过社交网络进行，与网络相关的信息数据越来越多，因此，在侦办此类案件时，对相关电子数据的收集与固定也越发重要。然而，由于信息量巨大，很多常规信息都具有时效性，比如电信运营商无法对超过一年的IP地址信息进行定位，除此以外，与正常合法经营的信息不同，犯罪分子对涉案信息往往会不定期地进行销毁或篡改①，并且大部分数据由于数量大、更新快，加之服务器的储存能力有限，原始数据极易被新产生的数据覆盖，所以收集固定电子数据要做到及时。在收集固定电子数据时，要协调好经侦、网安、技侦、银行、企业等各部门人员，充分发挥各自所长，达到高效精准取证的目的。需要收集的数据主要有利用计算机网络进行交易的相关证据，如通话记录、社交平台的聊天记录、网银转账记录、第三方支付交易记录、往来邮件等。同时，在电子取证过程中，也要注意取证程序的合法合规性。由于司法机关和公安机关掌握着电子数据作为证据的规格和标准，因此，在向第三方支付平台取证时，要格外注意对证据规格标准的把握。因为第三方支付平台作为商业机构，不会主动交出所有信息，只会根据侦查人员的要求提供信息，这样就会使取证过程变得被动，因此，在对犯罪分子所使用的相关终端取证时，务必要一次性收集到位，保证数据的真实性与合法性。

---

①邓君.刍议反洗钱与"地下钱庄"非法金融活动的遏制[J].商业时代，2008（16）：48-50.

第三节　反洗钱调查与刑事侦查的区别与联系

一、反洗钱调查与刑事侦查的区别

（一）性质不同

从上述反洗钱调查的概念可知，反洗钱调查是一种行政行为，其本质上就是一种行政权；刑事侦查则是由侦查机关在刑事诉讼活动中开展的一系列调查工作和相关强制措施，其本质是一种司法权。

（二）主体不同

反洗钱调查主体是由我国法律专门规定的机关负责，即中国人民银行；刑事侦查的主体则是法定的侦查机关，即公安机关、国家安全机关、人民检察院等。

（三）对象不同

反洗钱调查的对象仅限于相关金融机构；刑事侦查的对象则涉及所有与洗钱犯罪相关的人员和机构。

（四）措施不同

反洗钱调查采取的措施一般为查阅、复制、临时冻结、封存等，并且禁止对任何人采取人身上的强制措施；刑事侦查所采取的措施则包括讯问、检查、勘验、鉴定等，针对人身还可以采取拘留、取保候审、监视居住、逮捕等措施[1]。

---

①刘连舸，欧阳卫民.金融运行中的反洗钱[M].北京：中国金融出版社，2007：145.

二、反洗钱调查与刑事侦查的联系

在我国，根据反洗钱调查的概念和性质可知，该调查是在刑事侦查前由中国人民银行采取的一种行政行为。那么，对于在刑事侦查前设置反洗钱调查制度目前我国并未达成理论上的统一。反对者认为在刑事侦查前设置反洗钱调查将会打破我国司法与行政原有职能的划分，因为反洗钱调查的目的就是发现和打击洗钱犯罪，将涉嫌洗钱犯罪的线索提供给侦查机关，并启动司法程序。所以，反洗钱调查的这种准司法性实际上是对行政权的一种扩张。

上述担心不无道理，但我们认为在刑事侦查之前设置反洗钱调查制度是必要且可行的。

（一）设立反洗钱调查制度的必要性

（1）传统的刑事侦查程序要求侦查机关只有在立案后才能收集证据或进行有关侦查活动，而金融机构提交的可疑交易报告往往只能说明交易人具有可疑交易的嫌疑，至于是否存在确实的洗钱活动还需要进一步查证，在现代金融高度发达的情况下，就需要专业的反洗钱调查来解决。

（2）可疑交易报告往往涉及相对人的隐私，如果不在刑事侦查程序之前设置反洗钱调查，金融机构提交的可疑报告就会直接交给侦查机关处理，这样将还未查证的包含相对人隐私的报告交给侦查机关处理，对相对人合法权益的保护极为不利。况且，庞大的可疑交易报告数量让侦查机关也难以应对。所以，为了提高侦查资源的利用率以及保护相对人的合法权益，有必要在刑事侦查程序前设置反洗钱调查制度。

（二）设立反洗钱调查制度的可行性

（1）中国人民银行多年来都在协助司法机关调查洗钱犯罪案件，累积了丰富的经验。在协助侦查机关的过程中，相关银行工作人员、组织机构都为反洗钱调查做好了准备。因此，中国人民银行多年的实践经验确实为设立反洗钱调查制度提供了现实的基础。

（2）从国内外的立法实践中可以借鉴相关反洗钱调查制度的规定。例如，英国《2001年反洗钱条例》就专门规定了关税和内税局的专门工作人员对货币服务业的调查权；澳大利亚《1988年金融交易报告法》规定了税务调查人员的行政调查权；我国2005年新修订的《证券法》规定了税务调查人员的行政调查权等。这些国内外立法实践，可以为我国设置反洗钱调查制度提供有价值的参考和借鉴①。

---

①刘连舸，欧阳卫民.金融运行中的反洗钱[M].北京：中国金融出版社，2007：157.

参考文献

［1］严立新.反洗钱理论与实务［M］.上海：复旦大学出版社，2019.

［2］刘乃晗，谢利锦.反洗钱合规实务指南［M］.北京：法律出版社，2020.

［3］储峥，魏玮.反洗钱监管概论［M］.北京：中国财政经济出版社，2021.

［4］李强.国际金融行业反洗钱规定及操作实践研究［M］.上海：上海社会科学院
出版社，2018.

［5］高增安.宏观审慎监管视角的国家系统性洗钱风险与反洗钱研究［M］.北京：
科学出版社，2017.

［6］严立新.银行业反洗钱机制研究：约束条件下激励机制框架的构建［M］.上
海：复旦大学出版社，2010.

［7］王瑞山.犯罪预防原理［M］.北京：法律出版社，2019.

［8］孟元，陶一桃，黄键.金融机构反洗钱有效性作用机制研究：以寿险机构为
对象［M］.深圳：海天出版社，2022.

［9］叶青.刑事诉讼法学［M］.4版.上海：上海人民出版社，2020.

［10］GILMORE W C.Dirty money：the evolution of money laundering counter-mea-
sures［M］.Strasbourg：Council of Europe Press，1995.

［11］刘连舸，欧阳卫民.金融运行中的反洗钱［M］.北京：中国金融出版社，
2007.

［12］赵金成.洗钱犯罪研究［M］.北京：中国人民公安大学出版社，2006.

［13］汪澄清.反洗钱在行动［M］.北京：民主与建设出版社，2007.